Leander Lupus

Der Stuhltanz

Ratgeber

FRIELING

Bibliografische Information der Deutschen Nationalbibliothek
Die Deutsche Nationalbibliothek verzeichnet diese Publikation in der Deutschen Nationalbibliografie; detaillierte bibliografische Daten sind im Internet über http://dnb.d-nb.de abrufbar.

Rheinstraße 46, 12161 Berlin, Telefon: 0 30 / 766 99 90, www.frieling.de

1. Auflage 2015 · ISBN 978-3-8280-3280-4
Auch als E-Book erhältlich (ISBN 978-3-8280-3299-6).
Umschlaggestaltung: buske-grafik, Heidelberg

Inhaltsverzeichnis

Vorwort

Die Reise nach Jerusalem: Was könnte das Prinzip unseres Lebens besser verdeutlichen als dieses bekannte Kinderspiel, auch Stuhltanz genannt? Jeder Mensch kämpft täglich um einen Stuhl – ob dieser mehr Macht, Ansehen, Geld oder Einfluss verheißt.

Als weitgereister Unternehmer und ausgeprägter Gesellschaftsmensch lernte ich im Laufe der Jahre sehr viele unterschiedliche Spielarten des Stuhltanzes kennen, je nach Kulturkreis, gesellschaftlichem Bereich, sozialem Milieu oder auch Geschlecht. Allein diese Vielfalt ließ in mir den Wunsch reifen, meine Beobachtungen und Erfahrungen einmal niederzuschreiben und interessierten Leserinnen und Lesern zugänglich zu machen. Dies reicht von vergnüglichen Anekdoten über Rangeleien unter Kindern um einen Stuhl auf dem Weihnachtsmarkt bis hin zu entlarvenden Schilderungen, welche Auswüchse die Jagd nach einem höheren Status im Geschäfts- und Berufsleben haben kann. Auch der Umgang im Familien-, Freundes- und Bekanntenkreis ist nicht selten von zermürbenden Machtkämpfen geprägt.

Doch gleichgültig, wo und aus welchem Grund ein Stuhltanz stattfindet: Es wird immer einen Sieger und Verlierer geben. Selbst wer einmal einen Stuhl erobert hat, kann sich nicht sicher sein, ihn nicht schon bald wieder hergeben zu müssen – zu viele Anwärterinnen und Anwärter drängen ständig nach. Dauerhaft erfolgreich können daher nur die Männer und Frauen sein, die Führungseigenschaften mit einem hohen Maß an persönlichem Charisma kombinieren.

Meine Erfahrungen zeigen: Wer es schafft, einen der begehrten Stühle und damit einen höheren Status zu erobern, hat es im Umgang mit den anderen wesentlich leichter. In östlichen Kulturen beispielsweise umgibt jeden Stuhltanz-Sieger eine Art unsichtbarer Kreis, eine Distanz, die seine Mitmenschen vorbehaltlos respektieren. In westlichen Kulturen hingegen werden die Erfolgreichen von ihrer Umgebung oft mit dem Wunsch nach persönlicher Nähe und Teilhabe an der exponierten Stellung konfrontiert. Auch diese These habe ich mit interessanten Fallbeispielen untermauert.

Ob von den Mitmenschen still bewundert oder stürmisch gefeiert: Wer Erfolg hat oder anstrebt, drückt dies auch und vor allem in seiner Körpersprache aus. Nicht selten kommen dabei in uns schlummernde Verhaltensweisen zum Vorschein, die den Tieren ähneln, von denen wir bekanntlich abstammen. Kenntnisse aus dem Bereich der Körpersprache und Evolutionstheorie können daher äußerst nützlich sein, um die täglichen Stuhltänze besser deuten – und gegebenenfalls für sich entscheiden zu können. Daher enthält dieses Buch auch einige Betrachtungen dazu, mit welcher Mimik und Gestik sich ein potenzieller Sieger verrät.

In diesem Sinne wünsche ich Ihnen eine ebenso spannende wie anregende Lektüre!

Leander Lupus, 2015

1. Früh übt sich

Kinder auf dem Weihnachtsmarkt

Schon Kinder üben den Stuhltanz – manchmal auch im wahrsten Sinne des Wortes. Beim Besuch eines Weihnachtsmarktes in unserer Heimatstadt kletterte mein kleiner Sohn auf einen Stuhl, der in einem leeren Verkaufsstand stand. Er krähte vor Vergnügen und zog damit die Aufmerksamkeit aller Umstehenden auf sich – bis zwei ältere Mädchen kamen und ihn von seinem Platz verdrängten. Als er weinend zu mir gelaufen kam, kniete ich mich zu ihm hinunter und wir beratschlagten, wie er den Stuhl wiederbekommen könnte. Ich riet ihm, doch zu den beiden Mädchen hinzugehen und ihnen zu sagen, dass dies sein Stuhl sei. Wie besprochen, stiefelte mein 3-Jähriger zu den Mädchen. Diese hatten unser Gespräch beobachtet und wahrscheinlich Angst bekommen, denn sie gaben ihm den Stuhl sofort zurück. Mein Sohn war darüber so glücklich, dass er Freudentränen weinte.

Gruppenversammlung in der Montessori-Schule

Ich besuchte eine Veranstaltung meiner Kinder in der Montessori-Schule. Die Schülerinnen und Schüler stellten den anderen Kindern Projekte vor, die sie selbstständig bearbeitet hatten. Einer meiner Zwillinge folgte den Vorträgen, aber anders als die anderen Kinder wechselte er ständig seinen Platz. Während dies die anderen Anwesenden kaum zu stören schien, nahm ich so starken Anstoß an seinem Verhalten, dass ich ihn beinahe angefahren und zurechtgewiesen hätte. Doch ich hielt mich zurück. Nach Abschluss der Veranstaltung fragte ich meinen Sohn nach dem Grund für seine Unruhe. Er antwortete, dass er während der Präsentationen immer den Platz einnehmen wollte, der ihm gerade den meisten Überblick bot. Ok, dachte ich, dann war sein Verhalten gut begründet, und war froh, dass ich ihn nicht in die Schranken verwiesen hatte.

Medizin: ja oder nein?

Einmal, als einer meiner Zwillinge schwer erkrankt war, lieferte er sich einen Machtkampf mit seiner Oma. Dabei ging es um die Einnahme von Medikamenten. Das kann bei jedem Kind einmal vorkommen. Dennoch gibt es immer zwei Wege, mit einer solchen Situation umzugehen. Einerseits kann ein Kind gezwungen und sein Wille gebrochen, andererseits freiwillig motiviert werden. Ich empfehle allen Eltern und Großeltern dringend, die Alternative abzuwägen und nach Möglichkeiten zu suchen, solche Situationen ohne Tränen bei den Kindern und ohne viel Stress bei den Erwachsenen in den Griff zu bekommen.

Der Aufbau eines Hauses

Bei der Planung eines Hausbaus sollte man berücksichtigen, dass jeder künftige Bewohner, ob Mann, Frau oder Kinder, einen eigenen Raum – einen eigenen Stuhl – erhält, um sich bei Bedarf zurückzuziehen. Wird dies vergessen, kann dies zu Problemen im Zusammenleben der Familie oder sogar zu einer Trennung führen. Ich bekam diesen Tipp von meinem ehemaligen Schwiegervater, als er zum ersten Mal zu Besuch in unser Haus kam und dabei feststellte, dass es für mich keinen eigenen Raum gab. Er selbst hatte sich in seinem Bauernhaus oberhalb der Toreinfahrt einen eigenen Raum eingerichtet, in dem er seine Trophäen und Pokale abstellen konnte. Auch mein Vater hat einen solchen Raum, wo er unter anderem seine Kegelpokale aufbewahrt. Nur ich selbst besaß kein eigenes Zimmer in unserem Haus, sondern hatte meine Utensilien über verschiedene Schubladen und Kartons verteilt. Denn meine Frau hatte das Zimmer, das ich beim Bau des Hauses eigentlich für mich vorgesehen hatte, zu ihrem Sportraum umfunktioniert. Es gehört für mich zu den wichtigsten Erkenntnissen in meinem ganzen Leben, dass jeder einen eigenen Raum benötigt. Daher habe ich mir nach der Trennung von meiner Frau sofort einen solchen Platz geschaffen, an dem ich meine persönlichen Gegenstände, wie Auszeichnungen, Urkunden oder Pokale, aufbewahre.

Die Bestuhlung von Familien-Feiern im Wandel der Zeit

International betrachtet, hat sich die Veränderung der Gesellschaft auch in der Bestuhlung von Familien-Feiern niedergeschlagen. Als typisch deutsch gilt bis heute eine Bestuhlung in U-Form, bei der das Familien-Oberhaupt oder der Gastgeber das Privileg besitzt, an der Stirnseite in der Mitte Platz zu nehmen. Während einer solchen Feier kommt es häufig zu Platzwechseln, da jeder mit jedem sprechen möchte. Dabei lässt sich oft beobachten, dass um den Leader herum viel freier Platz entsteht, das heißt die Stühle in seiner Nähe sind nur dann besetzt, wenn gegessen oder eine Rede gehalten wird. In der Zwischenzeit werden sie nur selten frequentiert. Der Platz des Leaders selbst ist der begehrteste. Denn jeder kommt während des Festes einmal vorbei, um mit ihm zu sprechen oder ihn um Rat zu fragen. Ist der Platz einmal frei, etwa, weil der Leader auf die Toilette muss, wird er schnell von jemand anderem eingenommen, bis ihn der Leader wieder beansprucht. Was ist der Grund dafür, trägt dieser Stuhl etwa einen besonderen Geruch?

In den amerikanischen und asiatischen Kulturen hingegen hat sich mittlerweile eine andere Art der Bestuhlung durchgesetzt. Statt der U-Form werden mehrere Rundtische aufgestellt und meiner Meinung nach damit die Möglichkeit geschaffen, eine Reihe von Globalisierungsproblemen zu umschiffen. So hat die internationale Verflechtung vieler Lebensbereiche dazu geführt, dass die Familie ihre zentrale Rolle verlor und der Freundeskreis zunehmend an Bedeutung gewann. Damit verbunden ist eine Zersplitterung der Gesellschaft in kleinere Gruppen bis hin zur Individualkultur. Durch die verschiedenen Rundtische kann sich jeder Gast bei einer Familienfeier aussuchen, bei welchen Leuten er sitzen möchte. Die lockere Sitzordnung bietet die Möglichkeit, jemanden kennenzulernen oder sich einer anderen Gruppe zuzuwenden.

Geschenke oder Geben ist seliger denn Nehmen

Viele Menschen machen anderen Menschen Geschenke. Diese aber neigen häufig dazu, das Erhaltene in irgendeiner Form zurückzuzahlen, da sie keinesfalls von dem Geschenkgeber abhängig sein möchten. Es scheint, dass wir keineswegs in der Schuld eines anderen Menschen bleiben wollen: Vielleicht gibt es ja einen Zeitpunkt, an dem das, was wir gegeben und genommen haben, gegeneinander aufgerechnet wird.

Betrachtet man den Akt des Schenkens ein wenig genauer, fällt auf, dass die Annahme eines Geschenks einerseits eine Notwendigkeit darstellen kann (man will den Schenkenden ja nicht verärgern), andererseits aber auch missbraucht werden kann, zum Beispiel als Schmiergeld zur Bestechung. Meiner Ansicht nach kann schon die Annahme eines kleinen Stücks Schokolade oder einer Scheibe Wurst, wie es schon im Kindesalter praktiziert wird, zu einer gewissen Abhängigkeit führen. In jeder gut laufenden Gaststätte gibt es einen Schnaps oder irgendetwas anderes zusätzlich dazu.

Eine sinnvolle Alternative wäre es, jemanden statt mit materiellen Gütern mit gemeinsam verbrachter Zeit, mit Ruhe oder Zur-Verfügung-Stellen von Raum zu beschenken. Die Nebenwirkungen wären sicher nicht so verheerend wie die oben beschriebenen.

Der fahrende Stuhl

Wenn man klein ist, fährt man zunächst einen Roller, dann ein Fahrrad, dann ein Moped und ein Auto. Eventuell kommt später ein Sportwagen, eine Yacht oder ein Privatjet dazu: Je nachdem, welchen Status oder Stuhl man erklommen hat, kann man sich diese Fahrzeuge dann auch leisten.

Der Kampf um den besten Stuhl startet früh, es gibt immer wieder Beulen und Rückschläge dabei. Als ich einmal beweisen wollte, der beste Fahrradfahrer meines Heimatortes Mechterstädt zu sein, und freihändig fuhr, stürzte ich am Kirchplatz kopfüber in einen zwei Meter tiefen Graben. Das Fahrrad lag über mir, ich war darin verkeilt. Als ich um Hilfe rief, eilte unser Sportlehrer herbei, der auf dem Heimweg aus der Schule war. Ich danke ihm noch heute, dass er mich aus meiner misslichen Lage befreit hat. Zum Glück war mir nichts Schlimmes passiert, ich hatte mir ja vorher schon einmal den Arm gebrochen und ausgekugelt.

Können Sie sich vorstellen, dass ein Vater seine vier Kinder im Auto mitnimmt und jedes möchte ganz nah bei ihm sitzen? Das verlangt dem Vater jede Menge Management-Qualitäten ab: Wer darf zuerst und wie lange neben ihm sitzen? Zusätzlich muss er immer wieder anhalten, um den Kindern das Umsteigen zu ermöglichen. Auch wenn ich weiß: „Jedem Menschen recht getan, ist eine Kunst, die niemand kann“, versuche ich immer wieder, das Problem ohne Tränenvergießen zu lösen.

Der wenig benutzte Stuhl

Wer kennt das nicht: Wer im beruflichen oder privaten Umfeld auf der Suche nach dem amtierenden Leader ist, stellt immer wieder fest, dass dieser nicht auf seinem Platz sitzt oder von einer Masse an Menschen belagert wird. Dieses Phänomen hat einen psychologischen Hintergrund, gemeinhin als Herdentrieb bezeichnet. Ein Beispiel mag das verdeutlichen.

So bin ich selbst oft auf der Suche nach gutem Essen und brauche recht lange, bis ich ein passendes Restaurant gefunden habe. Die Entscheidung für ein Lokal fällt mir allerdings leichter, wenn sich schon viele Menschen darin befinden.

Ich habe den allgemeinen Herdentrieb bereits beobachtet, als ich als Student einen eigenen Imbiss betrieb. Da es gegenüber noch einen anderen Imbiss gab, war Konkurrenz am Platz. Hatte sich an meinem Stand jedoch bereits eine Schlange gebildet, stellten sich immer mehr Kunden an, um eine Bratwurst zu kaufen. Oft kam ich mit den Bestellungen gar nicht mehr nach. Nur ein paar Menschen, die es richtig eilig hatten, wanderten an den Imbissstand gegenüber ab. Alle anderen warteten an meinem Stand geduldig, bis sie an die Reihe kamen.

Ein ähnliches Phänomen ist in Unternehmen oder Projekten zu beobachten. Zuerst muss man herausfinden, wo derjenige Mitarbeiter sitzt, zu dem die meisten anderen Kontakt aufnehmen, und dann versuchen, selbst Kontakt aufzunehmen. Was oft nicht einfach ist: Denn der Vielbegehrte hat meist wenig Zeit, rennt von einem zum anderen Meeting und ist mit Terminen belegt. Beobachtet man das ganze Treiben, stellt man fest, dass dieser Mitarbeiter oft der Chef der gesamten Stuhltanz-Veranstaltung ist. Wer neu in ein Unternehmen oder ein Projekt kommt, muss sich daher anstellen, ob er will oder nicht.

Wie wurde ich selbst auf den Stuhltanz vorbereitet?

Früher dachte ich, dass mein Vater mich sehr hassen muss, weil er mich manchmal schlecht behandelte. Heute weiß ich, dass er von seinem übermäßigen Perfektionismus getrieben wurde. Er brachte mir die folgenden Dinge bei, die ich heute als sehr wichtig erachte.

Alle Speisen, die auf den Tisch kommen, müssen aufgegessen oder zumindest gekostet werden. Kehrt ein Familienmitglied nach Hause zurück, hat es sich bei jedem Anwesenden anzumelden, verlässt es das Haus, gilt dasselbe für das Verabschieden.

Die wichtigste Regel aber war, dass alles genau abgerechnet wird. Vor allem, wenn es ums Geld ging. Wenn mein Vater etwas für mich kaufte, achtete er streng darauf, dass ich ihm die Auslagen zurückzahlte.

2. In Clubs und Diskotheken

Antanzen

Auch in Clubs und Diskotheken gehört der Stuhltanz zu den beliebtesten Spielen, wenn es um die Aufmerksamkeit des anderen Geschlechts geht. So setzt bei jeder Party auf den Tanzflächen und in den Lounges innerhalb der Frauen- und Männergruppen sofort ein Konkurrenzkampf um die Position des Alphatieres ein. Wer bei den Männern diese Stellung erobert, wird von vielen Frauen angetanzt und kann sich diejenigen aussuchen, die er näher kennenlernen will. Genauso verhält es sich umgekehrt.

Solange in einer Gruppe nicht feststeht, wer die Alphatier-Rolle einnimmt, kommt keine richtige Party-Stimmung auf. Treffen mehr als eine Alphafrau oder ein Alphamann bei einer Party zusammen, kann es sogar zu Schlägereien und Alkoholexzessen kommen. Erst wenn einer quasi „unter dem Tisch liegt" oder anderweitig ausgeschaltet wurde, kann die Party beginnen. Dann nimmt der Alphamann einen der begehrten Plätze mit dem Rücken zur Theke ein, um das Treiben auf der Tanzfläche ungestört zu beobachten. Die anderen Männer wiederum versuchen ständig, ihn von dieser Position – seinem Stuhl – zu verdrängen: Es ist ein ewiges Hin und Her.

Frauen hingegen bevorzugen die Tanzfläche, um auf sich aufmerksam zu machen. Viele bekannte Filme, wie „Who's That Girl" mit Madonna, beschreiben diesen Sachverhalt, sodass es naheliegt, dass genau diese Beobachtungsgabe der Grund für den Erfolg von Film-Regisseuren ist. Denn viele Menschen haben die im Madonna-Film beschriebene Situation schon selbst erlebt. Ob Alphamann oder Alphafrau: Auf einer Party kann immer nur einer die Rolle der „Most Important Person" einnehmen. Meist setzt sich am Ende die Frau durch und der Mann folgt.

Nachahmungstrieb an der Bar

Sitzt ein Alphamann an der Bar, ist häufig zu beobachten, dass die anderen Gäste beginnen, dasselbe Getränk zu bestellen wie er. Offenbar wecken starke Charaktere in uns einen unwiderstehlichen Nachahmungstrieb. Das mag damit zusammenhängen, dass es vielen Menschen schwerfällt, eigene Entscheidungen zu treffen. Eine Ursache dafür könnte in der Kindheit und unseren Erziehungsmethoden liegen. So dient unser aktuelles Schulsystem oft dazu, die Kinder und Jugendlichen abzurichten, damit sie den Lehrern – den Leadern – folgen. Dass dieser Erziehungsstil dazu führen kann, dass der erwachsene Mensch im Privat- und Arbeitsleben missbraucht wird, liegt auf der Hand.

Mit dem Rücken an der Bar

Ist eine Bar gut besucht, wie meist an Wochenenden, kann es leicht passieren, dass man keinen der begehrten Barstühle mehr ergattert. Das ist aber kein Problem für jemanden, der die Aufmerksamkeit der Gäste erregen will: Wenn er an der richtigen Stelle mit dem Rücken an der Theke lehnt, erreicht er dieses Ziel sogar einfacher als auf einem Barhocker sitzend. Entscheidend ist, dass er sich zurückhaltend gibt, als wäre ihm die Umgebung vollkommen egal. Denn damit kann er den Mutterinstinkt der weiblichen Gäste wecken. Sie eilen herbei, um sich um den verlorenen Sohn zu kümmern.

Als ich einmal in einer gut besuchten Bar mit dem Rücken zur Theke stand, entbrannte unter den anwesenden Damen ein regelrechter Kampf um meine Aufmerksamkeit. Links neben mir saßen zwei Frauen, von denen eine dauernd versuchte, mit mir ins Gespräch zu kommen. Rechts von mir schubste mich ein Kollege mit dem Rücken, um mich von meinem exklusiven Platz zwischen zwei Barhockern zu verdrängen. Ich aber hielt dagegen, zumal sich vor mir schon eine Traube von

Frauen gebildet hatte, die meine Nähe suchten, offenbar um einen freien Zugang zur Theke zu erhalten.

Da ich ein höflicher Mensch bin, ließ ich eine der Damen an mich heran. Ihrer Mimik und Gestik konnte ich entnehmen, dass sie einen Drink spendiert haben wollte – was ich aber nicht tat, ansonsten hätte ich im Lauf des Abends bis zu 20 Getränke ausgeben müssen. Die Bar, die ich damals besuchte, wurde speziell ausländischen Gästen empfohlen. Jeden Abend tanzten zu einer bestimmten Stunde zwei leicht bekleidete Gogo-Girls auf der Theke. Später dann hatten auch interessierte Gäste – erst Frauen, dann Männer – Gelegenheit, sich in ihrer ganzen Pracht zu zeigen.

Der begehrteste Stuhl in einem Lokal

In jeder Bar und jedem Club gibt es mindestens drei Plätze, die hochbegehrt sind: mit dem Rücken an der Theke zu lehnen, in einem Lounge-Sessel zu sitzen oder einen Platz ergattert zu haben, von dem aus man die ganze Umgebung im Blick hat, denn Alphatiere vermeiden es, jemanden im Rücken zu haben. Die Menschen, die diese Plätze einnehmen, sind für die anderen Gäste oft ein Objekt der Begierde, sie werden häufig angeschaut oder sogar berührt.

Lounges

In Clubs und Bars gibt es weltweit verschiedene Formen der Bestuhlung. Häufig findet man Lounges, die in unterschiedlichen Ebenen angeordnet sind und sehr gute Möglichkeiten zur Beobachtung der anderen Gäste bieten. Ist man in einer Gruppe unterwegs, empfiehlt es sich, eine Lounge zu mieten. So hat man den Vorteil, dass man sich wie in einem Separee mit seinen Freunden unterhalten kann.

Tanz in Georgenthal

Als Student war ich einmal auf der Rückreise von einer Veranstaltung an der Universität Ilmenau zu meinen Eltern. Da sah ich an der Straße ein Schild mit dem Hinweis, dass in Georgenthal eine Schwimmbad-Disco stattfindet. Da ich überwiegend im Hier und Jetzt lebe, beschloss ich kurzerhand, diese Veranstaltung zu besuchen. Denn nur so besteht die Möglichkeit, neue Dinge kennenzulernen und Erfahrungen zu sammeln.

Im Schwimmbad angekommen, bestellte ich ein Bier und setzte mich gemütlich in die Nähe der Bar, wo ich einen guten Überblick über das Treiben um mich herum bekam. Nach und nach füllte sich das Schwimmbad mit Menschen, viele starrten mich an und fragten sich wohl, wer ich sei. Auf einmal tauchte ein Mann auf, den alle zu kennen schienen, denn jeder sprach freundlich mit ihm. Dieser Mann war sehr durchtrainiert und sah mir ein wenig ähnlich. Da der Mann viele junge hübsche Frauen um sich scharte, beschloss ich, ihn näher kennenzulernen, ging auf ihn zu und begann mit ihm zu reden. Als ich erfuhr, dass er der Schwimmmeister war, wurde mir klar, warum ihn so viele Besucher kannten. Einige hatten unser Gespräch beobachtet und kamen auf uns zu, um auch mich kennenzulernen. Durch meinen Kontakt zum Schwimmmeister gehörte ich auf einmal dazu.

Kurze Zeit später betrat eine umwerfende Frau das Schwimmbad. Sie gefiel mir so gut, dass ich sie gleich kennenlernen wollte. Als sie zur Tanzfläche ging, folgte ich ihr. Kurz darauf gesellte sich ein anderer Mann, ein Nebenbuhler, zu ihr auf die Tanzfläche. Das Ganze hatte einen etwas komischen Charakter, denn es war Hochsommer und sehr heiß, dazu die schöne Frau, die von zwei Männern gleichzeitig angetanzt wurde und mit beiden heftig flirtete. Jeder wollte sie unbedingt für sich allein und daher keinesfalls die Tanzfläche räumen. Die Frau lag abwechselnd in meinen und den Armen des anderen Mannes, es fühlte sich an, als wäre die Luft elektrisiert.

Gegen 2 Uhr nachts verließen die Frau und ich gemeinsam die Tanzfläche und bestellten ein Bier an der Bar. Dabei erzählte sie mir, dass sie und der andere Mann schon länger ein Paar seien und soeben beschlossen hatten, nach Hause zu gehen. Wer denkt, ich wäre jetzt enttäuscht gewesen, irrt. Stattdessen war ich stark euphorisiert, allein von dem Tanz und Flirt mit dieser tollen Frau.

Komischerweise kamen danach immer mehr Paare auf mich zu, um mich zu einem Bier einzuladen. Die meisten Besucher waren schon recht angetrunken. Ein Mann forderte mich sogar auf, genauso mit seiner Freundin zu tanzen, wie ich es zuvor mit der anderen Frau getan hatte. Offenbar hatten viele Besucher genau beobachtet, was sich zwischen uns auf der Tanzfläche abspielte. Die ganze Nacht wurde ich belagert. Als die Sonne aufging, verließ ich als einer der letzten Gäste vollkommen erschöpft die Party und suchte mir einen ruhigen Platz zum Schlafen, um das Geschehen zu verdauen.

Taiwan: Moët Hennessy

Als ich zum ersten Mal in Taipeh war, besuchte ich den „Club Myst", der mir von Bekannten empfohlen worden war. An diesem Abend war ich einer der ersten Gäste. Durch die Bässe der Anlage vibrierte das ganze Haus so stark, dass nach und nach immer mehr Gäste kamen. In der Nähe einer Lounge setzte ich mich auf einen Platz, von dem aus ich die Tanzfläche und die anderen Gäste gut beobachten konnte, ohne selbst aufzufallen. Nachdem ich ein paar Mal erfolglos versucht hatte, mit einzelnen Gästen ins Gespräch zu kommen, „enterte" ich eine naheliegende Lounge, um dort Kontakte zu knüpfen. Ich ging auf eine Dame zu, die ich für die Anführerin der Gruppe hielt, und stellte mich vor. Wie ich erfuhr, handelte es sich um die Verkaufschefin der Moët Hennessy-Gruppe, der weltweite Branchenführer in der Luxusgüterindustrie. Die Dame lud mich gleich ein und stellte mich den anderen Lounge-Gästen vor.

Als nach einer Stunde die vorhandenen Getränke und Speisen fast aufgezehrt waren, teilte mir die Verkaufschefin mit, dass ihre Gruppe weiterziehen werde und ich die Lounge nun allein nutzen könne. Einige der Gäste folgten ihr, andere Gäste, die sich ursprünglich aus angrenzenden Lounges zu der Gruppe gesellt hatten, gingen zu ihren Freunden zurück. „Schon wieder allein", dachte ich enttäuscht – „aber mal sehen, was der angebrochene Abend noch bringt." Ich hatte auf einmal viel Platz in der Lounge, aber keine Gesprächspartner mehr. Nach und nach kamen zwar einige Gäste zu mir und stellten sich vor, jedoch blieben die Gespräche oberflächlich. Da ich gedanklich noch bei der vorherigen Gruppe war, sah ich mir die neuen Bekanntschaften nicht richtig an. Nach einem Toilettenbesuch aber fiel mir auf, dass der Großteil der Besucher in „meiner" Lounge ziemlich betrunken war: also keine geeigneten Gesprächspartner für mich! Wie ich später herausfand, werden solche Menschen gemeinhin als „Table Licker" bezeichnet: Unliebsame Zeitgenossen ohne jeglichen Benimm.

Auf der Suche nach niveauvolleren Kontakten im „Club Myst" dachte ich mir, dass das, was einmal funktioniert hatte, durchaus auch ein zweites Mal klappen konnte. Also ging ich auf einen Herrn in einer anderen Lounge zu, der dort mit mehreren Frauen stand, und stellte mich ihm vor. Zunächst schien ich damit Erfolg zu haben, doch die Freude währte nur kurz: Nachdem eine Dame dem Herrn etwas ins Ohr geflüstert hatte, schickte er mich weg. Was war falsch? Was dann geschah, sprengte fast meine Vorstellungskraft und verlangte mir alle meine Management-Qualitäten ab. So besprach sich der Herr, den ich gerade angesprochen hatte, mit einem Mitarbeiter der Security. Davon gab es jede Menge im Club, jeder ausgestattet mit einer Uniform und einem Ohrstecker zur Kommunikation mit den Kollegen. Der Security-Manager kam sofort auf mich zu und wollte mich sogar aus der Lounge vertreiben, die ich zuvor von Moët Hennessy „geerbt“ hatte. Ich diskutierte eine Weile mit ihm und versuchte, ihm die ganze Situation zu erklären. Tatsächlich war ich mir keiner Schuld bewusst, nur weil ich einem Herrn in einer Lounge die Hand gegeben hatte.

Auch versuchte ich, einige Gäste anzusprechen, mit denen ich mich zu Beginn des Abends unterhalten hatte – merkwürdigerweise wollte mich keiner mehr erkennen. War dies tatsächlich der Fall oder wollte keiner von ihnen Ärger mit dem Security-Personal? Wie gut, dass ich mich zuvor mit einem Club-Mitarbeiter unterhalten und diesen sogar dazu gebracht hatte, mir an der Bar ein Bier zu besorgen. Diesen Mitarbeiter rief ich nun zu meiner Unterstützung – und hatte endlich Erfolg: Er erkannte mich sogleich und erklärte seinen Kollegen, dass ich mich schon länger im Club aufhielt und in Ordnung sei. Ich konnte also bleiben.

Escortdamen und wie man mit ihnen umgeht

Ist man viel im Ausland unterwegs, entsteht oft der Wunsch, nach Feierabend noch etwas an der Hotelbar zu trinken. Da passiert es immer wieder, dass man von recht freizügigen Damen angesprochen wird. Sie nutzen die Einsamkeit vieler Geschäftsreisender aus, um ihre Geschäfte zu machen. Die Barhocker wirken wie Verkaufsstände, an denen Angebot und Nachfrage zusammentreffen können.

Wie geht man mit diesen Damen um, wenn man kein Interesse hat und sie schnell wieder loswerden möchte? Am besten ist es, ihnen einen Drink zu spendieren, sich erst ein wenig zu unterhalten und dann freundlich zu verabschieden. Diese Methode hat sich gerade in der asiatischen Welt bewährt, wo es unter Geschäftsleuten weit verbreitet ist, als Geschenk für einen Geschäftspartner eine Dame zu organisieren, die ihn abends in seinem Hotelzimmer empfängt. Wie macht man deutlich, dass man die Dienste dieser Dame nicht in Anspruch nehmen will, ohne den Schenkenden zu brüskieren? Eine Antwort darauf erhielt ich während meines Executive MBA-Studiums an der Universität Zürich, wo wir solche und ähnliche interkulturelle Fragen diskutierten. Am besten sei es, dass man dieser Dame anbiete, noch gemeinsam einen Drink an der Hotelbar einzunehmen, und sich danach wegen Kopfschmerzen höflich zu verabschieden.

Ich habe mich bei meinen Geschäftsreisen immer wieder gefragt, was diese Frauen dazu bewegt, ihren Körper für 100 bis 300 Euro pro Nacht zu verkaufen. Auch habe ich einzelne Damen dazu direkt angesprochen und wollte wissen, wie hoch ihre Erfolgsquote im Durchschnitt ist. Die meisten Befragten gaben wirtschaftliche Gründe dafür an, zum Beispiel weil sie alleinerziehend waren und Geld brauchten. Andere wiederum hofften, auf diesem Weg einen neuen Partner zu finden. Eine Dame – sie stammte aus der Mongolei – nannte mir 90 Prozent als Erfolgsquote, das heißt, dass 9 von 10 Männern ihr Angebot nicht ablehnen würden. Das hätte ich wahrlich nicht erwartet.

Wer kann am meisten Alkohol vertragen

Skurrile Formen nimmt der Stuhltanz an, wenn festgestellt werden soll, wer am trinkfestesten ist, das heißt als Letzter noch auf seinem Stuhl sitzt. Was ich in dieser Hinsicht auf meinen Reisen in Asien erlebt habe, verschlug mir teilweise den Atem. Oft finden die Trinkgelage nach der Arbeit statt. Dazu treffen sich die Mitarbeiter mit ihrem Chef oder ihrer Chefin zum Abendessen. Dazu gibt es Bier aus Flaschen, die statt der in Europa üblichen 0,5 Liter rund 0,6 Liter enthalten. Dieses Bier trinken die Asiaten aus kleinen Gläschen in einem Zug nach dem Anstoßen. Danach heben die Trinkpartner das Glas in die Höhe, manchmal stehen sie dabei auch auf. Alles wird genau beobachtet. Stehen alle Gäste mit auf? Wer hebt das Glas nach dem Anstoßen höher als der gegenüber? Wer setzt sich zuerst, wer zuletzt?

Thai-Essen

Als ich zum ersten Mal in Taipeh ein Restaurant besuchte, hatte ich ein recht befremdliches Erlebnis. Nachdem ich das Lokal betreten hatte, musste ich – wie in Asien üblich – warten, bis mir ein Tisch zugewiesen wurde. Auf halbem Weg zu meinem Platz rief die Bedienung irgendetwas aus, woraufhin alle anderen Gäste verstummten und kurz Notiz von mir nahmen, dann aber ihre Gespräche fortsetzten. Komisch, so etwas hatte ich noch nie erlebt.

Am Tisch bekam ich die Speisekarte überreicht, leider auf Chinesisch, offenbar gab es hier keine englische Version. Nun gut, das Restaurant verlassen wollte ich jetzt auch nicht mehr, ich hatte schließlich lange genug nach einem geeigneten Lokal gesucht, in dem auch noch Platz war. Die Bedienung verstand ein wenig Englisch und half mir bei der Bestellung. Ich orderte Leber und Schaschlik-Spieße mit Hühnerfleisch. Kurze Zeit später bekam ich zuerst die Leber gebracht, dann das Hühnerfleisch, das sehr lecker aussah. Als ich es zu kauen versuchte, knirschte es jedoch merkwürdig zwischen meinen Zähnen. Seit wann fühlte sich Hühnerfleisch so an, als würde man auf einem Holzstäbchen kauen? Als ich in der Mitte des Schaschlik-Spießes angekommen war, schüttelte es mich ganz gewaltig: Hatte ich etwa Hühnerfüße im Mund? Die Bedienung hatte mich die ganze Zeit beobachtet und lachte, als ich sie fragend ansah. Fast kam mir das gesamte Essen wieder hoch. Früher wurden in meiner Familie auch Hühner gehalten. Wenn sie geschlachtet wurden, hackten wir zuerst den Kopf, dann die Füße ab und warfen alles auf den Misthaufen. Als ich einen einheimischen Projektkollegen nach den örtlichen Gebräuchen fragte, sagte er mir, dass in Asien alle Teile von Tieren verwertet würden. Gleichzeitig fragte er mich, ob ich denn noch nie einen Hahnenkamm oder Fischaugen gegessen hatte, und ich musste dies verneinen.

Mein Weg zum Koch

Als ich ein andermal in Taipeh in einem Restaurant einkehrte, bot man mir für einen stattlichen Fixpreis ein Abendessen an, bei dem man sich, ähnlich wie bei einem Fondue, die gewünschten Speisen aus der Karte aussuchen konnte. Auf jedem Tisch stand in der Mitte ein Kochtopf, der dazu diente, die gewählten Speisen zu garen. In Ordnung, dachte ich, probieren wir das neue Restaurant einmal aus, und bestellte rund 20 verschiedene Speisen: darunter Schinken, Lamm, Huhn, vier Fischsorten, Rippchen, Fleischbälle, mehrere Pilz- und Gemüsearten, Tomaten usw. Insgesamt wurden mehr als 100 Speisen angeboten.

Zusätzlich konnte ich mir als Vorspeise eine Suppe bestellen, die sehr scharf war und viele Zutaten, wie Leber und Tofu, enthielt. Als der Hauptgang serviert wurde, war ich allein schon von der Suppe satt. So bekam ich einen Riesenschreck, als ich sah, dass der Hauptgang rund 20 Schalen – ähnlich einem 20-Gänge-Menü – bereithielt, alle reichlich gefüllt. Da ich so erzogen wurde, alles aufzuessen, was ich bestellt hatte, fing ich an, die Speisen der ersten Schalen im Kochtopf zu garen und zu essen. Als ich die ersten vier Schalen geschafft hatte, stand ich kurz davor zu platzen. Ich musste also meine Strategie ändern, um nicht das ganze Essen wegwerfen zu müssen, das ich bezahlt hatte. Mit nach Hause nehmen? – Das war eine gute Idee. Das hatte ich zuvor auch schon ein paar Mal gemacht und zu schätzen gelernt. Mit der Zeit entwickelte ich mich auf diese Weise vom eifrigen Restaurant-Besucher zum Koch am eigenen Herd.

The German

Als ich in Lacombe in einem Kundenprojekt arbeitete, fuhr ich am Wochenende manchmal in das Skigebiet von Banff, das rund 150 Kilometer entfernt von Calgary liegt. Nach einer langen Fahrt freitags nach der Arbeit war ich endlich dort angekommen und ging in eine Bar, um mich bei einem Bier zu entspannen. Zwei Männer setzten sich zu mir. Sie tranken mit mir und forderten mich auf, gemeinsam mit ihnen durch die Lokale zu ziehen. Da es in Kanada üblich ist, dass sich Gruppen in Bars zusammenfinden und zusammen etwas unternehmen, schloss ich mich den beiden an. Bald schon entstand eine tolle Stimmung zwischen uns. So gab es in einer Diskothek einen Box-Sack, auf den wir eindroschen, um ihm einen Klingelton zu entlocken. Da ich in der Schule Boxen gelernt hatte, klingelte es bei mir wesentlich öfter als bei den anderen. So erhielt ich von meinen beiden Begleitern den Spitznamen „The German". Damit wurde ich jedem vorgestellt, dem wir auf unserer Kneipentour begegneten.

Dann aber drohte die Stimmung zu kippen. So sprach einer der beiden jede Frau an, die ihm gerade über den Weg lief, und ließ sogar mitten in einer Bar die Hosen fallen, um sein Tattoo auf seinem blanken Hintern zu zeigen. Als mir das Ganze zu bunt wurde, verzog ich mich in die hinterste Ecke in der Bar, in der wir uns gerade befanden, um die beiden abzuschütteln. Dies glückte auch, denn bald schon verließen die beiden allein das Lokal. Einige Minuten später jedoch kehrten sie zurück, weil sie ihren „German" vergessen hatten, fanden mich aber nicht. Als ich nach einer Viertelstunde die Bar verließ, sah ich gerade noch, wie die beiden von einer Polizeistreife abtransportiert wurden. So war ich gerade nochmal der peinlichen Situation entgangen, als Manager eines bekannten Beratungsunternehmens in Kanada festgenommen zu werden.

Die Bar wird übernommen

Auf einem Skiausflug mit meinen Mitarbeitern schlug ein Kollege den Besuch einer Bar vor, die er von einem vorherigen Aufenthalt bereits kannte. Im Lauf des Abends kamen so viele Holländer in das Lokal, dass die deutschen Gäste bald in der Minderheit waren. Als kurz darauf die Bedienung wechseln sollte, übernahmen die Holländer kurzerhand die Bar. Sie machten die Preise nach Gutdünken und starteten unter anderem einen Wettbewerb, wer am längsten die Luft anhalten kann, wenn er im Gläserwaschbecken den Kopf eintaucht. Alles in allem war es ein sehr amüsanter Abend, an dem es sehr viel zu lachen gab.

Hallo, Frau Samsung!

Ich saß an der Bar eines Gasthauses in Ratingen und spielte an meinem iPhone. Das Haus beherbergte auch eine Kegelbahn, und an diesem Abend kamen sehr viele ältere Damen und Herren, um sich mit diesem Sport die Zeit zu vertreiben. Eine der Kegelgruppen saß zusammen mit dem Wirt um einen runden Tisch auf Barhockern, als der Wirt sein Telefon nahm und in das Mikrophon sprach: „Hallo, Frau Samsung!" Ich musste schmunzeln, denn offenbar parodierte er die Jugend oder auch mich, da ich auf meinem iPhone herumdrückte, statt mich mit anderen Gästen zu unterhalten. Er fragte dann sein Handy, wie das Wetter am nächsten Tag in Ratingen würde. Eine Stimme antwortete ihm aus dem Gerät. Alle mussten lachen. Der Wirt fuhr fort, nannte den Namen eines Gastes, der mit ihm am Tisch saß, und fragte sein Handy, ob es diesen Mann kenne. Und richtig – das Telefon fand auch eine Internetseite mit Informationen zu diesem Mann. Alle anderen Gäste im Lokal hatten die Szene beobachtet.

Komisch, ich selbst kannte die soeben erlebten Nutzungsmöglichkeiten eines Handys noch gar nicht. Der Generation 60plus waren die technischen Neuerungen offenbar besser bekannt als mir. Eine der Damen aus seiner Runde fragte den Wirt: „Mit Frau Samsung kannst du dich zwar unterhalten, aber kommt sie auch mit dir ins Bett?“ Alle anderen lachten wieder – wow, was für eine Weitsicht! Die Technik macht den Menschen fast überflüssig, Maschinen dienen uns als Gesprächspartner. Was aber wird aus den lustigen Runden, wenn wir alle nur noch mit dem Handy statt mit unserem Tischnachbarn sprechen? Welche Konsequenzen hat unser neues Kommunikationsverhalten für die Entwicklung der gesamten Menschheit?

3. Stuhltanz im Spiegel der Kulturen

Asien

Im asiatischen Kulturkreis bekommen Menschen mit hohem Status sehr viel Raum und Freiheit zugewiesen. Zu ihnen wird immer ein gewisser Abstand gewahrt, auch wenn sie von vielen Menschen umgeben sind. Hochstehende Asiaten haben – ähnlich wie Tiger – einen unsichtbaren Kreis um sich, der sie wie eine Blase vor zu großer Annäherung schützt. Allein durch körperliche Berührungen könnte es nämlich geschehen, dass ihr Status geschmälert wird und ihnen dadurch wertvolle Energie verlorengeht.

Offenbar wird die große Verehrung für Menschen von hohem Rang auch durch die vielen Statuen, die man in Asien für sie baut. In Taipeh beispielsweise gibt es auf einem zentralen Platz eine Skulptur von einem früheren Machthaber, die rund um die Uhr von Polizisten bewacht wird. Jede Stunde findet eine Wachablösung statt. In gebührlichem Abstand beobachten die Menschen diese Zeremonie, sie stehen ganz still und starren die Statue voll Ehrfurcht an.

Lateinamerika

Deutlich weniger Statusunterschiede kommen in den Kulturen in Lateinamerika zum Vorschein. Hier neigen die Menschen eher dazu, sich in die Arme zu schließen und gegenseitig häufig anzufassen.

Verhandlung auf Asiatisch

In einem Hotel in Asien erlebte ich einmal, wie die Chefs zweier Firmen miteinander verhandelten. Beide Bosse waren mit jeweils zwei Adjutanten unterwegs. Eine Gruppe hatte ich schon am Tag zuvor bemerkt, als sie den Frühstücksraum des

Hotels frühmorgens daraufhin unter die Lupe nahm, wo man möglichst ungestört sitzen konnte. Am nächsten Tag sah ich diese Gruppe wieder, sie saß mit der anderen Gruppe an einem Sechser-Tisch. In der Mitte hatten die Firmenchefs Platz genommen, daneben ihre Adjutanten. Auffällig war, dass jeder Chef einen gewissen Vorteil gegenüber dem anderen hatte. So war der eine kleiner und schmächtiger, wurde aber von wesentlich jüngeren Adjutanten begleitet. Sein Gegenüber hingegen wirkte gedrungen und wies typische Alphatier-Merkmale, wie breite Schultern und eine kräftige Rückenpartie, auf. Wie die Verhandlung zwischen den beiden ausgegangen ist, habe ich nicht mitbekommen, wahrscheinlich aber war der Chef mit den jüngeren Adjutanten in der stärkeren Position. Auffällig war auch, dass einer der Berater recht angeschlagen wirkte – er hatte offenbar zu wenig geschlafen und am Abend zuvor zu viel Alkohol konsumiert. Immer wieder habe ich die Erfahrung gemacht, dass bei geschäftlichen Verhandlungen in Asien sehr viel gegessen und getrunken wird – offenbar, um der Kraft der Argumente mehr Ausdruck zu verleihen.

Japan

Betrachtet man den Stuhltanz in Japan, stellt man fest, dass es dort häufig gar keine Stühle gibt. Stattdessen ziehen die Menschen ihre Schuhe aus und setzen sich direkt auf den Fußboden. Eine Ursache dafür könnte sein, dass man von vornherein vermeiden will, durch verschieden hohe Stühle Statusunterschiede zu demonstrieren. Ich selbst habe die traditionelle japanische Sitzhaltung bei Besuchen vor Ort ausprobiert – alles in allem recht unbequem!

Indien

Eine andere Form des Stuhltanzes lernte ich in Indien kennen, wo ich während meines Studiums einen Automobilzulieferer besuchte. Zunächst wurden wir in einer Gruppe im Betrieb herumgeführt, dessen Wände so stark mit Zeitungen und Bildern der besten Mitarbeiter verziert waren, dass ich mich wie in einem sozialistischen Betrieb der DDR gefühlt habe.

Zum Abschluss der Führung saßen wir Besucher alle auf Stühlen in einem Raum. Dann kam die Führungsriege der Firma herein, stellte sich auf einem Podest direkt vor uns auf und hielt einen Vortrag: ein Stuhltanz auf indische Art.

Grabstätten in Taiwan und Deutschland

Um jedes Grab in Taiwan wird eine Mauer gezogen, damit die Toten einen gewissen Raum um sich haben. Auch in Deutschland scheint es auf den Friedhöfen unsichtbare Kreise um die Grabstätten zu geben. So konnte ich auf Beerdigungen immer wieder beobachten, dass sich die Teilnehmer in einem bestimmten Abstand zum Grab aufstellten, nachdem sie ihre Blumen oder Kränze hineingelegt hatten.

Follow the Leader…

… ist ein Prinzip, das in der asiatischen Welt ganz groß geschrieben wird. Damit verbunden ist die Ansicht, dass jeder Leader sehr viel Alkohol vertragen kann. Nicht ohne Grund, handelt es sich bei den Führungspersönlichkeiten doch meist um Alphatiere, die allein aufgrund ihres Körperbaus und ihrer sportlichen Aktivitäten Alkohol schneller abbauen können als andere Menschen. Das Gleiche gilt für Nikotin.

Dies bewirkt, dass die meisten Leader auch unter starkem Alkoholeinfluss noch in der Lage sind, das Geschehen um sich herum vollständig zu begreifen. Vielleicht hängt dies auch damit zusammen, dass durch den Konsum von Alkohol bei manchen Menschen bestimmte Sinne geschärft werden. Dies konnte ich bereits an mir selbst erfahren, als ich in betrunkenem Zustand in der Lage war, besser zu riechen und zu hören.

Warum dies so ist, entzieht sich meiner Kenntnis, sollte meiner Ansicht nach aber einmal gezielt erforscht werden. Möglicherweise schaltet Alkohol einen Teil der Sinne aus, während andere Sinne, die ohnehin gut funktionieren, verstärkt werden.

Spark

In Taipeh traf ich in einem Projekt einen Übersetzer, der problemlos zwei Gesprächsgruppen gleichzeitig verfolgen konnte – auch über große Entfernungen hinweg. Ich habe dabei den Eindruck gewonnen, dass dies vor allem eine Frage der Konzentration ist. Die Projektleiter und Teammitglieder, die von solchen Fähigkeiten anderer Menschen wissen und vertrauliche Gespräche führen möchten, ziehen es vor, dies außerhalb der Projekträume oder ganz hinter verschlossenen Türen zu tun.

Ich habe einen Stuhl

Was führt dazu, dass sich ein chinesischer Mitarbeiter in Deutschland grundlegend anders verhält als in seiner Heimat? Dies fragte ich mich, als ich zu einem Kundenprojekt in Peking einen meiner besten Programmierer mitnahm. Jon Chin sollte das Vertrauen der Kunden in China stärken, da ich bei früheren Projekten festgestellt hatte, dass es einfacher ist, ein Land mit einem Landsmann „zu erobern".

Eine Woche vor Jon kam ich in Peking an, um in einem Projekt bei einer einheimischen Bank zu arbeiten. Hier waren alle Entwickler in einem kaum 20 Quadratmeter großen Raum untergebracht, und zwar auf allen Arten von Stühlen – von einfachen Hockern über sperrige Klappstühle bis hin zu bequemen Couchsesseln. So ähnlich hatte es in meinem Jugendzimmer in meinem Heimatort Mechterstädt ausgesehen, wenn ich eine Party feierte und so viele Gäste kamen, dass aus allen anderen Zimmern Stühle herbeigeschafft werden mussten. Die chinesischen Entwickler hatten zudem alle Netzwerkkabel auf dem Boden verstreut. So konnte es leicht passieren, dass beim Aufstehen ein Stuhl über ein Kabel rutschte und dieses beschädigte. Funktionierte dann das Kabel nicht mehr, wurde gleich ein anderes ausprobiert – wahrscheinlich als Arbeitsbeschaffungsmaßnahme für die interne IT-Abteilung.

Als Jon eine Woche nach mir ins Projekt kam, änderte sich seine Körperhaltung im Vergleich zu Deutschland vollkommen. Nach dem Betreten des Raums befahl er dem chinesischen Kollegen, der neben mir saß, sofort aufzustehen – nur er habe neben dem Chef zu sitzen. Nanu, was war mit Jon passiert? In Deutschland eher schüchtern und ruhig, trat er in seiner Heimat laut und fordernd auf.

Konkurrenzkampf in Asien

Da in Asien ein massives Überangebot an Arbeitskräften herrscht, bekommen viele Menschen nur dann einen Job, wenn sie Spezialwissen aufgebaut haben. Übertragen könnte man sagen: Sie bekommen dann einen Stuhl zugewiesen. Ist der Einstieg in ein Unternehmen geglückt, fühlt man sich jedoch oft, als würde man von einem Mückenschwarm ausgesaugt, denn überall herrscht ein immenser Konkurrenzdruck. Will das Unternehmen einen Mitarbeiter loshaben, sprich: ihm den Stuhl wieder wegnehmen, geschieht dies meist indirekt. Das heißt: Man teilt ihm nach und nach weniger Aufgaben zu, setzt ihn häufig räumlich um und lässt die Arbeit an ihm vorbeilaufen. Da kein Mitarbeiter eine solche Situation lange aushalten kann, wird er bald von sich aus das Unternehmen verlassen.

Mega-Cities

Mega-Cities und die darin lebenden Menschen werden die wirtschaftliche Entwicklung immens beschleunigen. Auf den asiatischen Märkten gibt es alles zu kaufen, was man sich nur vorstellen kann, zum Beispiel Milch in 20 verschiedenen Geschmacksrichtungen. Nichts ist unmöglich.

Es gibt nie genug Stühle

Durch die Masse an Einwohnern gibt es in den asiatischen Gesellschaften nie genug Stühle, hier streiten sich immer mehrere Parteien um einen einzigen Stuhl. Durch das Zusammenwachsen der Kulturen im Zuge der Globalisierung wird sich dieser Zustand nach und nach auch in Europa und den USA ausbreiten. Wir werden uns wohl oder übel von „Leadern" zu „Followern" entwickeln. Es sei denn, wir steuern rechtzeitig dagegen und schaffen es, unsere Kinder zu mehr selbstständigem Handeln und Entscheiden zu erziehen.

Nordamerika

„Hire and fire": Rein in ein Unternehmen kommt man in Nordamerika schnell, raus auch wieder. Läuft die Wirtschaft schlecht, wird den Mitarbeitern innerhalb von zwei Wochen gekündigt. In manchen Unternehmen gibt es mehr Manager, die kontrollieren, ob Mitarbeiter noch gebraucht werden, als einfache Angestellte. Dies liegt daran, dass die amerikanische Mentalität unerbittlich ist: weiche Schale, harter Kern. Nur wenn man es bis zum Kern einer Firma geschafft hat, kann man auch länger bleiben.

Deutschland

In Deutschland braucht man vor allem eine gute Ausbildung, um einen Stuhl in einer Firma zu bekommen. Bei jeder Einstellung wird daher viel gesucht und geprüft. Dabei ist das Angebot an Arbeitskräften, die den Anforderungen genügen, meist gering. Viele Firmen scheuen die Kosten für die interne Weiterbildung. Hat man es aber erst einmal geschafft, eingestellt zu werden, bekommt man sehr viele Annehmlichkeiten geboten, an denen man sich wie an einer Walnuss laben kann. Bei der deutschen Mentalität verhält es sich umgekehrt wie in den USA: harte Schale, weicher Kern.

Asiatisches Wachstum

Während meiner Asien-Reisen begriff ich, mit welcher Geschwindigkeit diese Gesellschaften unterwegs sind. Die vielen Menschen dort treiben das Wirtschaftswachstum immens voran, weil sie den gleichen Wohlstand wie in Europa erreichen wollen. Bisher jedoch haben nur wenige Asiaten ein ähnliches Niveau erreicht, noch fehlt es an vielen Dingen, vor allem an ausreichendem und bezahlbarem Wohnraum. Die Probleme, die durch riesige Menschenmassen wie in Asien verursacht werden können, übertreffen oft unsere Vorstellungen.

Einige Asiaten sind so wissbegierig, dass einem schwindlig werden kann. In den Meetings und Schulungen wird man von ihnen mit Fragen bis ins kleinste Detail überhäuft. Doch haben die asiatischen Gesellschaften ihren Wettbewerbsvorteil gegenüber der europäischen und amerikanischen Kultur noch nicht erkannt. Durch ihre starke Verwurzelung in Religion und Kultur und durch die individuelle Angst, den Stuhl an einen Konkurrenten zu verlieren, haben viele Asiaten mehr in die Waagschale zu werfen als unsere durch Wohlstand gesättigten Kulturen.

Konzert in Taipeh

In Taipeh besuchte ich einmal ein Sinfoniekonzert des Bayerischen Rundfunks, das auf einem großen Platz live auf einer Leinwand übertragen wurde. Was bei uns nur den Fans bei Fußballweltmeisterschaften geboten wird, gibt es hier auch für die Liebhaber klassischer Musik. Wollte man das Konzert in Taipeh auf der Leinwand mitverfolgen, konnte man dies entweder auf dem Platz sitzend oder von einer weit entfernten Treppe aus tun, die zu einem der Paläste in der Nähe der Nationalen Chiang-Kai-shek-Gedächtnishalle führte. Ich beschloss, mich mitten auf den Platz zu setzen, da hier die Leinwand besser zu sehen war. Insgesamt maß der Platz mehr als zwei Fußballfelder. Nach und nach füllte er sich – ganz ohne Platzanweiser setzten sich die Zuschauer, wie an einer Perlenschnur aufgereiht, auf den Boden.

Als das Konzert begann, lauschten alle wie gebannt. Auch mir machte das Zuhören großen Spaß, da ich einen langen Arbeitstag hinter mir hatte und die Veranstaltung als große Bereicherung empfand. Nach rund einer Stunde jedoch zogen dunkle Wolken am Himmel auf, so dass ich aufstand, um mir einen trockenen Platz unter dem Palastdach zu sichern. Als ich mich erhob, folgten mir nach und nach rund 50 Zuschauer in meiner unmittelbaren Nachbarschaft. Gleichzeitig war ein Raunen vernehmbar. Warum machten plötzlich alle Dasselbe wie ich? Ich ging die Treppenstufen hinauf und sah, dass an der Stelle, an der ich gesessen hatte, ein großes Loch entstanden war. Im Endeffekt hatte sich das Wetter gehalten, dabei ist mir immer noch unklar, warum mir damals so viele Menschen quasi blind gefolgt sind.

Im „Tonalrausch"

Als ich auf dem Flug nach Taiwan eine Band mit dem Namen „Tonalrausch" traf, stellte sich heraus, dass die Sängerinnen und Sänger aus Thüringen kamen, also Landsleute von mir waren. Wir unterhielten uns sehr gut und sie luden mich ein, einem ihrer Auftritte in Taipeh beizuwohnen. Am folgenden Samstag erhielt ich eine persönliche Einladung, sie hatten also an mich gedacht. Als ich auf Google Maps die Adresse suchte, stellte ich fest, dass ich mit dem Bus rund 1,5 Stunden brauchen würde, um zum Konzertsaal in Taipeh City zu gelangen. Daher rief ich ein Taxi, das dieselbe Strecke in 20 Minuten schaffen würde, und klärte mit dem Hotel-Portier den Fahrpreis ab, umgerechnet rund 10 Euro. Die Taxifahrt erschien mir wie eine halbe Weltreise, sie führte durch Berge und zahlreiche Tunnel, doch Taipeh City wollte und wollte nicht näherkommen. Zockte mich der Taxifahrer etwa ab oder hatte ich den Portier missverstanden? Tatsächlich musste ich am Ende das Dreifache des veranschlagten Preises zahlen – wurde jedoch durch den Auftritt von „Tonalrausch" in Taipeh City dafür entschädigt. Die Band trat ohne Instrumente auf, einer der Sänger imitierte den Klang eines Schlagzeugs und die anderen richteten ihren Gesang danach aus. Insgesamt fand der Auftritt in einer familiären Atmosphäre statt, der Saal ähnelte ein wenig dem Theater in Eisenach. Die Musik und Inszenierung von „Tonalrausch" waren von allererster Güte.

Leider musste ich das Konzert in der Pause verlassen, um nicht allzu spät wieder im Hotel zu sein. Angesichts des hohen Taxispreises wollte ich für den Rückweg unbedingt den Bus benutzen. Man riet mir jedoch, für den Weg zur Bushaltestelle ein Taxi zu nehmen, da es zu Fuß zu lang dauern würde. Also versuchte ich, ein Taxi zu finden – leider erfolglos, denn jedes Taxi, das ich sah, war bereits besetzt. Zugleich regnete es wie verrückt, aber zum Glück hatte ich einen Schirm dabei. Genervt von dieser misslichen Situation, versuchte ich Leute anzusprechen, die mir helfen könnten.

Da sah ich eine alte Frau, die mit zwei Plastiktüten in der Hand auf der anderen Straßenseite stand. Ich ging zu ihr hinüber und sprach sie an, obwohl ich mir fast sicher war, dass sie weder Englisch noch Deutsch verstand. Manchmal kommt man aber auch mit Händen und Füßen weiter, dachte ich mir dabei. Als ich bei der Frau angekommen war, hängte sie schwuppdiwupp eine ihrer Plastiktüten an den Griff meines Regenschirms. Nanu, was sollte das? Ich schaute in die Tüte, es lag ein Kohlkopf darin. Nein, das wollte ich doch gar nicht! Ich kam nicht einmal dazu zu fragen, ob sie mir helfen könne, ein Taxi zu finden, da war sie schon mitten dabei, mit mir Geschäfte zu machen... Sie kramte auch noch in der anderen Plastiktüte und förderte dabei Lauch zutage. Nein, aufhören, ich will ein Taxi und kein Gemüse! Um sie loszuwerden, zückte ich schnell mein Portemonnaie und kramte nach Münzen. 50 Neue Taiwan-Dollar, das sind umgerechnet rund 1,50 Euro, sollten reichen, dachte ich bei mir – aber sie wollte wesentlich mehr. Also gab ich ihr den verlangten Preis und machte mich schleunigst aus dem Staub.

Endlich fand ich dann ein Taxi, das mich zur Bushaltestelle fuhr. Ich nahm den Bus zurück zum Hotel, den Kohlkopf in der Hand haltend. Was sollte ich damit überhaupt anfangen? Das Hotel hatte keine Küche. Also nahm ich den Kohl mit auf mein Zimmer und legte ihn dort in die Badewanne. Ich könnte ja jeden Tag ein wenig davon essen, sozusagen als Diät-Maßnahme zum Mittagessen, denn ich hatte ohnehin ein wenig zu viel auf den Rippen. Ohne geeignetes Messer war das aber nicht möglich. Da ich es in den nächsten beiden Tagen nicht schaffte, ein solches aufzutreiben, fing der Kohlkopf langsam zu stinken an. Was sollte ich tun? – Nur raus aus dem Badezimmer damit und irgendjemandem andrehen. Zum Glück fand ich alsbald eine Reinigungskraft, der ich den Kohlkopf geben und dann schnell verschwinden konnte. Geschafft!

Stadtleben: Nein, danke!

Wer vorhat, vom Land in eine Stadt zu ziehen und dort zu arbeiten, sollte sich dies vorher genau überlegen. Auf dem Dorf fährt man wie mit einem „Trabant" langsam und gemütlich vor sich hin. Kommt man in eine Großstadt, muss der „Trabant" wesentlich schneller fahren, wenn nicht gar rasen – kaum vorzustellen, was einem alles um die Ohren fliegen kann! Man kann den Wechsel vom Land- ins Stadtleben auch damit vergleichen, dass man in der Stadt in einen Ferrari umsteigen und mit allen anderen Bewohnern um die Wette fahren muss – ob man nun will oder nicht.

Es kann in der Stadt gelingen, dass man das Rennen gewinnt und steinreich wird. Verliert man jedoch, gibt es auch beim Fall nach unten so gut wie keine Grenzen. Dies fiel mir so richtig im asiatischen Kulturkreis auf, in dem im Unterschied zu Deutschland kein soziales Netz existiert, das einen auffangen könnte.

Diese Beobachtung machte ich zunächst in Taiwan. Als ich das erste Mal nach Taipeh kam, dachte ich: „Wow, was für eine coole, saubere Stadt!" Nach und nach jedoch erkannte ich, dass in der ganzen Gesellschaft ein gnadenloser Kampf ums Überleben tobte. Symptomatisch dafür ist, dass dort offenbar keine Müllabfuhr mehr nötig ist. Denn es gibt genügend Menschen, sogenannte Kollektoren, die den ganzen Tag herumlaufen und vom Boden alles aufsammeln, was man noch gebrauchen kann – ob Büchsen, Plastikmüll oder Zigaretten: Es wird alles wiederverwertet.

Gerade in Taipeh wurde mir klar: Je mehr Menschen auf engem Raum leben, desto härter wird der Konkurrenzkampf um die wenigen Plätze auf der Sonnenseite geführt. In jedem Alter muss man rennen, rennen, rennen... Hauptsache, man wird nicht krank.

Die älteren Menschen treffen sich morgens zwischen 5.00 und 7.00 Uhr in den Parks der Stadt und treiben gemeinsam Sport. Zu dieser Zeit ist die Luft noch einigermaßen sauber. Danach beginnt der Run des Tages. Jeder muss zur Arbeit. Obwohl die Kernarbeitszeit zwischen 8.30 und 17.30 Uhr liegt, schafft es kaum einer, pünktlich von der Arbeit nach Hause zu kommen. Man will ja seinen Stuhl nicht an einen Kollegen verlieren und bleibt deshalb gerne noch ein paar Stunden länger im Büro. Dabei ist es wichtig, sein Namensschild und ein paar private Utensilien auf dem Schreibtisch zu verteilen. Macht man das nicht, wird der Platz schneller annektiert, als man denkt. Überdies gibt es in Asien nur 15 Tage Urlaub im Jahr.

Auch Lügen will gelernt sein

Wer kennt das Würfelspiel Lügenmax, bei dem es darum geht, die Mitspieler durch Bluff, Lügen oder Würfelglück zu bezwingen? Als ich mir überlegte, welche Machenschaften in der asiatischen Kultur verbreitet sind, um sich einen Stuhl oder irgendwie gearteten Vorteil zu verschaffen, fiel mir das Prinzip des Lügens ein. Es ist in Asien – ähnlich wie in der arabischen Welt – nicht ganz so verpönt wie in Deutschland.

Dies zeigt sich oft bei Preisverhandlungen. Sogar ein international renommiertes Hotel in Taipeh betrügt seine Kunden. Mir passierte es dort, dass die Angestellten immense Zimmerpreise verlangten – angeblich wegen einer gerade stattfindenden Messe. Tatsächlich standen ganze Hoteletagen leer. Aber was sollte man tun? Man akzeptierte die Konditionen oder nicht – ähnlich wie beim Lügenmax.

Never run out of Money!

Die Gültigkeit dieses Grundsatzes lernte ich in Taipeh kennen, als ich mit einem Kollegen aus einem Projekt ein Restaurant besuchte. Da ich nie genügend Geld im Portemonnaie habe, wollte ich die Rechnung mit meiner Kreditkarte begleichen. Leider bestand der Kellner auf Barzahlung. So machte ich mich auf den Weg, um an einem Geldautomaten in einer der vielen Banken oder Einkaufsläden in der Nähe Geld abzuheben. Doch nichts funktionierte – kein Automat spuckte die dringend benötigten Scheine aus! Nach langem Suchen hatte ich Erfolg und fand einen ATM, der zu funktionieren schien, aber noch mit einer alten Software-Version ausgestattet war.

So musste ich viel länger auf die Herausgabe meines Geldes warten als gewöhnlich. Als ich endlich ins Restaurant zurückkam, war mein Kollege sehr genervt. Er gab mir zu verstehen, dass ich niemals ohne Bargeld unterwegs sein sollte. Diesen Grundsatz beachte ich seither viel stärker als früher. Denn das ganze moderne Getue um Kredit- und EC-Karten macht uns zu gläsernen Menschen und kann dazu führen, dass wir ohne die Hilfe anderer Menschen schnell am Rand der Gesellschaft landen.

Wie schütze ich meinen Stuhl?

Im Laufe der Jahre bin ich vielen verschiedenen Formen begegnet, wie Menschen ihre Stühle schützen. Ganz wichtig ist es, den Arbeitsplatz mit persönlichen Gegenständen auszustatten, zum Beispiel mit Bildern der Kinder. Ebenso empfiehlt es sich, viel Papier auf dem Schreibtisch liegen zu lassen. In Bars habe ich öfter beobachtet, dass Leute ihren Namen in Tische und Tresen einritzten, ebenso wie in Umkleidekabinen von Fußballmannschaften. Manchmal hängt auch nur eine Jacke von dem auf dem Stuhl, der diesen Stuhl beansprucht. In den asiatischen Gesellschaften gilt es als probates Mittel, den eigenen Platz mit einem Namensschild zu schützen.

4. Merkmale eines Anführers

Am Körperbau lassen sich drei Arten von Menschen unterscheiden: die Manager, die rund 10 Prozent der Bevölkerung stellen, die breite Masse der Durchschnittsmenschen, die rund 89 Prozent der Bevölkerung ausmachen, und die Menschen, die mit einem sogenannten „Leader-Gen" ausgestattet sind. Sie machen 1 Prozent der Menschheit aus. (http://www.independent.co.uk/news/science/born-to-rule-scientists-uncover-gene-that-may-help-create-natural-leaders-8452499.html)

Bei den Managern handelt es sich meist um sehr große Menschen. Sie brauchen diesen Vorsprung, um die anderen besser beobachten zu können. Die breite Masse besteht aus Mitläufern, die immer danach Ausschau halten, wem sie folgen können. Oft werden sie von den Managern „in der Spur gehalten". Menschen mit „Leader-Gen" besitzen in der Regel vier wesentliche Merkmale: Sie sind klein und gedrungen, haben einen steifen und geraden Rücken, einen extrem beweglichen Kopf sowie einen kräftigen Hals- und Oberarmbereich. Kann es sein, dass diese kleinen Menschen mit mehr Energie als andere ausgestattet sind? So habe ich recherchiert, dass zum Beispiel Hunnenkönig Attila (etwa 1,50 m), Nikita Chruschtschow (1,60 m) und Deng Xiaoping (1,52 m) kleiner waren, als die durchschnittliche Körpergröße von Männern beträgt.

Ausgeprägte Sinne

Es gibt Menschen, deren Sinne zeitweise oder permanent besser funktionieren als die der anderen. Darauf beruht auch die Leistung von Formel-1-Fahrern, wenn sie ihre Runden drehen. Sie haben ihre Fähigkeiten über Jahre hinweg geschult und nutzen diese optimal. Anderen Menschen wiederum ist es möglich, auch über große Entfernungen hinweg zu riechen, ob jemand krank ist oder raucht.

Regeln testen

Es liegt in der Natur eines Anführers, dass er Regeln selbst gestaltet oder vorhandene Regeln soweit ausdehnt wie möglich. Zu unterscheiden ist, ob er dabei auf der Seite der Moral oder Unmoral steht. Unmoralisch sind meines Erachtens alle, die ihr Geld mit Stehlen, illegalen Machenschaften, Mord oder Drogenhandel verdienen. Moralisch hingegen handelt jemand, der rechtschaffen und aufrichtig ist. Ob moralisch oder unmoralisch: Jeder Anführer, der einen Markt für sich entdeckt, wird versuchen, diesen zu erhalten oder auszubauen. Dabei werden die Machtkämpfe um die dort befindlichen „Stühle" durch Regeln definiert. Findet man eine Regellücke, kann es passieren, dass dem amtierenden Machthaber die Möglichkeit für entsprechende Sanktionen fehlt. Er wird dann versuchen, neue geeignete Regeln zu schaffen, ansonsten wird sein Stuhl durch andere besetzt. Im Endeffekt ist nicht der „Chairman", sondern der „Chairmaker", der die Regeln definiert, der Führende.

Regelüberschreitung auf der Autobahn

Kann man mit einer bloßen Geldstrafe davonkommen, wenn man auf einer deutschen Autobahn wegen einer massiven Geschwindigkeitsüberschreitung geblitzt wurde? Ohne Punkteeintrag in Flensburg? Ja, das ist möglich, ich selbst habe es bereits zweimal geschafft. Dabei hatte ich das Tempolimit aus Unachtsamkeit, nicht mutwillig überschritten. Die zuständige Stadt sendet jedem Fahrzeughalter, der geblitzt wurde, kurz danach ein Schreiben mit der Aufforderung, innerhalb von drei Monaten zuzugeben, dass er gefahren ist und die Geschwindigkeitsüberschreitung begangen hat. Da ich selbst viel im Ausland unterwegs und in dieser Zeit kaum auffindbar bin, bleibt ein solches Schreiben erst einmal unbeantwortet. Erhält die Behörde innerhalb von drei Monaten keine Rückmeldung, folgt lediglich ein weiterer Brief mit der Aufforderung, die festgesetzte Strafe zu bezahlen. Ein Punkteeintrag bleibt aus. Der Aufforderung zum Bezahlen folge ich dann, ansonsten übergibt der Staat die Forderung an ein Inkasso-Unternehmen in der freien Wirtschaft, in der härtere Regeln gelten.

Um keinen Preis der Welt unterliegen

Das Prinzip „Um keinen Preis in der Welt unterliegen" macht das Leben eines Anführers besonders gefährlich – oder interessant. Treffen zwei Kontrahenten aufeinander, folgt meist ein Machtkampf. Während dieser in jüngeren Jahren eher körperlich ausgetragen wird, schaltet man im Laufe der Jahre zunehmend das Gehirn ein. In asiatischen Kulturen werden Machtkämpfe oft durch exzessives Wetttrinken ausgetragen: Wer am Ende noch steht, hat gewonnen.

Kopfnicken als Ur-Körpersprache

Als Kind wurde mir von den Eltern beigebracht, dass ich immer dann, wenn ich an jemandem vorbeilief, mit dem Kopf nicken soll. Ich freute mich sehr darüber, wenn ich als Antwort ein Lächeln erhielt. Ganz anders verhielt es sich jedoch, als ich in meinem ersten Projekt in einer Frankfurter Bank arbeitete. Dabei lief ich oft über den Flur, um mit verschiedenen Entwicklern und Beratern zu sprechen. Allen, die ich auf dem Flur traf, nickte ich kurz zu. Während dies bei den meisten auf die gewohnte Reaktion – ein Lächeln – stieß, blieb das Gesicht des Bankchefs immer regungslos. Er betrachtete mein Kopfnicken wohl als Form des Dienens. Nicken ist wahrscheinlich eine unserer ältesten Kommunikationsformen und hat deshalb eine sehr starke Kraft. Wenn man sonst keine Fähigkeiten hat, reicht Nicken als Körpersprache aus, um zu überleben.

Gebt uns mehr Oxytocin

Wer zuerst wen anfasst, kann zu einer entscheidenden Frage im menschlichen Miteinander werden. In den meisten Fällen wird ein Anführer nicht berührt, wie folgendes Beispiel vom Trainer einer Dorf-Fußballmannschaft deutlich macht. Ob Spieler oder Fans – alle behandeln den Trainer mit großem Respekt. Trifft man sich zum Spiel auf heimischem Boden, darf der Trainer bis zum Abpfiff nicht angefasst werden, denn die Situation ist sehr angespannt. Geht das Spiel verloren, hält die Anspannung manchmal sogar bis zur Folgewoche an. Oft geschieht es, dass der Trainer den Platz nach Spielende abrupt verlässt.

Ganz anders sieht es aus, wenn das Match gewonnen wurde, alle sind guter Laune. Zuerst kommt die Mannschaft zurück in die Kabine. Viele Zuschauer versuchen die Spieler direkt nach dem Abpfiff per Handschlag zu beglückwünschen oder zu berühren. Der Spieler, der am meisten zum Sieg beigetragen hat, erhält auch die meiste Aufmerksamkeit. Ich selbst habe solche Situationen oft beim Fußballspielen erlebt. Das Anfassen und die Aufmerksamkeit der anderen führen zu Glücksmomenten und zu chemischen Reaktionen im Körper.

In der unbeschwerten Situation nach einem Sieg erhält der Trainer natürlich gewaltige Aufmerksamkeit von Zuschauern und Mannschaft. Noch extremer wird dies, wenn am Saisonende der Aufstieg in die nächsthöhere Liga bevorsteht. In Siegerlaune wird jede Menge des „Kuschelhormons" Oxytocin ausgeschüttet.

Wer spricht mit wem zuerst?

Die Mutter meiner ersten Frau ist auf einem Bauernhof aufgewachsen und mit einem starken Selbstbewusstsein ausgestattet. So vermied sie es immer, jemanden direkt anzusprechen, und vertrat stattdessen den Standpunkt: „Wenn jemand von mir etwas will, soll er von alleine kommen." Eine solche rigorose Haltung funktioniert meines Erachtens nur bei sehr wenigen Menschen oder in bestimmten Notsituationen. So steigt im Krieg, wenn es nicht genug zu essen gibt, der Status von Landbewohnern wie meiner Schwiegermutter, weil sie auch in Krisenzeiten noch über genügend Lebensmittel verfügen.

Die Kehrseite der Medaille erlebte ich in Gestalt einer alten Frau in Taipeh, die in einem Lokal betteln ging. Die Frau war von kleiner Gestalt, kaum größer als 1,60 Meter, den Kopf beim Gehen weit nach unten gebeugt. Sie stützte sich dabei auf einen Gehstock und hielt ein Körbchen in der Hand, in dem sie ein paar kleine Waren feilbot, darunter Kaugummi und andere Süßigkeiten. Die Frau sah wie ein in die Jahre gekommenes Rotkäppchen aus. Als ich sie zum ersten Mal in dem Lokal traf, lief sie von Tisch zu Tisch und ich dachte: „Was für ein armes Geschöpf!" – und kaufte ihr ein Päckchen Kaugummi ab. Das kostete mehr als 100 Neue Taiwan-Dollar, also umgerechnet 3 Euro. Von da an fiel mir die Frau jeden Tag in dem Lokal auf und ich beobachtete sie ein wenig genauer. Sie erschien mir von Mal zu Mal weniger hilfsbedürftig, zumal sie mir die Kaugummis für das Dreifache des normalen Preises angedreht hatte. Die Bestätigung für meine Vermutung erhielt ich, als ich sie kurz darauf in einem Supermarkt traf, wo sie einen ganzen Packen von 100 Neuen-Taiwan-Dollar-Scheinen in 1.000 Dollar-Scheine wechselte. Nicht schlecht für eine „Bettlerin"!

Die Situation meiner Schwiegermutter und dieser „Bettlerin" stellen Stühle im Hoch- und Tiefstatus dar. Besitzt man Waren oder Wissen, befindet man sich im Hochstatus und kann die Dinge abwarten, die auf einen zukommen. Befindet man sich im Tiefstatus, zum Beispiel weil man zu wenig Geld hat, sollte man in der Lage sein, mit Waren zu handeln oder diese zu produzieren. Das heißt man benötigt ein geeignetes Geschäftsmodell, um wieder auf die Beine zu kommen. Sogar

Menschen, die uns auf den ersten Blick als Bettler erscheinen, können damit einen Platz im Virtualismus einnehmen, einer neuen Form der Weiterentwicklung des Kapitalismus.

5. Virtualismus als neue Form des Verkaufens

Body Language is back

Um in der heutigen Massengesellschaft zu überleben, muss man etwas Besonderes darstellen. Ist einem dies gelungen, sind es gerade die riesigen Menschenmengen, die immense Möglichkeiten zur Weiterentwicklung bieten. So kann man über neue Kommunikationskanäle, wie das Internet, beliebig viele Kontakte schließen und Informationen in Echtzeit austauschen.

Dabei wird eine gute Beobachtungsgabe immer wichtiger, zum Beispiel um die Körpersprache anderer Menschen richtig zu deuten. Anders als früher, als wir Kinder in Garten, Feld oder Wald spielten, kennen viele Mädchen und Jungen heute bestimmte Dinge nur noch von Bildern oder aus Museen. Auch in den Filmen und Videos erscheinen immer mehr virtuelle Figuren. Diese Entwicklung adaptieren unsere Kinder recht schnell und treiben damit den sich ausbreitenden Virtualismus voran. Oft ist in einem Film nur schwer erkennbar, ob es sich um einen Roboter, um eine virtuelle Figur oder einen realen Menschen handelt. Wie kann man noch unterscheiden, ob ein Mensch mit einem IQ von 150 oder eine Maschine mit einem IQ von 30.000 vor einem steht?

Dem allgemeinen Trend zum Virtualismus entspricht, dass es weltweit immer mehr Veranstaltungen gibt, bei denen die Besucherinnen und Besucher in den Kostümen ihrer Lieblingsschauspieler erscheinen. Als ich kürzlich eine Messe in Toronto besuchte, tat ich dies in der Verkleidung von Captain Kirk aus der Serie „Raumschiff Enterprise". Die halbe Stadt, so schien es, war in der Zukunft unterwegs, denn viele Messebesucher traten als Figuren aus den „Star Wars"-Filmen auf – größtenteils täuschend echt. Auch waren einige Sportwagen des Typs „DeLorean" aus dem Film „Zurück in die Zukunft" auf den Straßen Torontos unterwegs.

You are very important

Als ich in Taipeh in ein neues Projekt kam, stellte mich der Projektleiter den anderen als „Alleskönner" vor. Das war mir nicht recht, da ich lieber erst einmal abwarte und schaue, was um mich herum geschieht. Sich immer wieder auf neue Teams und Systeme einstellen zu können, bedeutet einen Wettbewerbsvorteil, den man schon in jungen Jahren aufbauen kann, zum Beispiel durch den Wechsel zwischen verschiedenen Sportvereinen, Schulen und Wohnorten. Je spezialisierter später die beruflichen Aufgaben werden, desto wichtiger ist eine große Flexibilität.

In Zeiten fortschreitender Globalisierung werden wir aber immer mehr feststellen, wie unbedeutend jeder einzelne ist.

Am Boden sitzend

Hat schon jemand einmal ausprobiert, wie man bei anderen ankommt, wenn man auf dem kleinstmöglichen denkbaren Stuhl, sprich direkt auf der Erde sitzt? Die Idee kam mir, als ich am Eingang eines Supermarkts einen alten Mann erblickte, der Kundenquittungen vom Boden auflas, die ihn zur Teilnahme an einer Verlosung berechtigten. Ich setzte mich also auf eine belebte Straße und legte meinen Kopf in beide Hände. Heimlich beobachtete ich, was passierte. So blieben einige Menschen stehen und überlegten, ob sie mir helfen sollten. Als ein Bettler vorbeikam, beugte er seinen Kopf und Körper maximal nach unten, als wolle er mir signalisieren: „Ich bin noch tiefer unten als du!"

Am Ende bekam ich viel mehr Aufmerksamkeit, als ich ursprünglich angenommen hatte. Kann es sein, dass unser Körper Energie tankt, wenn wir beachtet werden? Quasi als eine Form biologischer Energie, die von Mensch zu Mensch übertragen wird?

Einzelzimmer vs. Großraum-Büro

In Deutschland gibt es im Geschäftsleben die Tendenz, weniger Mitarbeiter in kleineren Büroräumen unterzubringen. Dies wird auch durch die hiesigen Arbeitsschutzgesetze unterstützt. Dabei scheint die Grundlage für eine Chefkultur mit eigenem Zimmer schon in der Kindheit gelegt zu werden, wenn die Eltern versuchen, Sohn oder Tochter ein eigenes Zimmer zu geben. Gelingt dies, wird das Kind bestrebt sein, solch ein Zimmer auch im Berufsalltag zu erobern. In den USA und Asien hingegen herrschen Großraumbüros vor – nur die Chefs besitzen das Privileg eines Separees mit verschließbarer Tür. Hat man erst einmal einen so tollen Platz erobert, ist man sehr darauf bedacht, diesen nicht wieder zu verlieren. Denn manchmal muss man viele Jahre sprichwörtlich an dem Stuhl eines anderen sägen, um diesen Platz einnehmen zu können.

Darwin hat recht

Früher dachte ich, dass Darwin mit seiner Evolutionstheorie irrt. Eher neigte ich zur Auffassung, dass wir aus einem fremden Universum stammen und auf der Erde angesiedelt wurden. Als ich aber das erste Mal in Asien war und dort meiner Lieblingsbeschäftigung – dem Beobachten anderer Menschen – nachging, stellte ich fest: In uns steckt das Verhalten von Bienen, Ameisen und Hühnern, Darwin hat recht!

Denn die Menschheit ist ein hochentwickelter Bienenschwarm, jede Stadt ein Ameisenhaufen. Um diese Vergleiche ziehen zu können, bietet sich ein Rundgang in einer Großstadt an. Von außen betrachtet, scheint es, als würden die Menschen wild durcheinanderrennen, einem Ameisenhaufen gleich. Bei genauem Hinsehen allerdings wird deutlich, dass bei den Menschen alles zielgerichtet vonstattengeht. So ist jeder bestrebt, seinen Status (seinen Stuhl) zu behalten oder zu verbessern. Hat ein Mensch einen höheren Status erreicht, kümmern sich immer mehr Arbeitsbienen um ihn.

Manchmal bin ich dennoch geneigt, der Darwin'schen Theorie zu widersprechen. Zumindest in einem Punkt, d. h. Darwin sagt, nur wer sich schnell genug anpasst, überlebt. Betrachtet man die Umwelt genauer, so wird man auch das Gegenteil feststellen. D. h. manche Lebewesen überleben auch, wenn sie sich gar nicht verändern.

Kann man aus Stroh Gold spinnen?

Jeder kennt wohl das bekannte Märchen „Rumpelstilzchen". Eine Episode in meinem Leben erinnerte mich sehr stark daran, und ich möchte kurz darüber berichten.

In meiner Jugend habe ich sehr oft mit der Sense gearbeitet, um mit dem Gras, das ich dabei abgeschnitten habe, meine Kaninchenzucht zu versorgen. Ich mähte das Gras im Garten meines Grundstücks. Kann sich jemand vorstellen, wie entspannend es sein kann, sehr früh aufzustehen? Ich liebe vor allem die Ruhe und den Sonnenaufgang, den ich während meiner Arbeit erleben kann. Weitere Vorteile sind, dass die Gartenarbeit das Fitnessstudio ersetzt und zusätzlich meine Familie versorgt.

An jenem Tag war es sehr warm. Das Gras wurde durch die Sonne schnell trocken. Mir selbst war es zu schade, das jetzt entstandene Heu auf einen Haufen werfen, so wie es die Nachbarn taten, die Ihr Gras mit dem Rasenmäher schnitten.

Durch Zufall bekam ich ein paar Tüten in die Hände. Ich nutzte diese Tüten und verstaute das Heu. Die Tüten fassten ca. 60 Liter. Zusätzlich malte ich ein Schild mit der Aufschrift „Pro Sack frisches Heu 1 EUR". Ich stellte eine Kasse auf einen Tisch und legte die Heu-Tüten daneben. Im Laufe des Tages verkaufte ich also das Gras meines Gartens. Ganz automatisch, d. h. ohne dass ich mich darum kümmern musste.

Vergleicht man gedanklich Heu und Stroh und tauscht Geld mit Gold, so ist der Beweis geliefert, dass man aus Stroh Gold spinnen kann.

Fazit: Jeder sollte ganz genau überlegen, ob er etwas entsorgt oder leichtsinnig wegwirft. Im Endeffekt ist es pures Gold, das man mit dem Bade ausschüttet. Die Asiaten machen es uns vor. Wir Europäer werden uns über kurz oder lang mit diesem Thema beschäftigen müssen. Nur wer im Überfluss lebt, neigt dazu, die Werte nicht zu erkennen. Ein Stuhl, der nur in einer Notsituation verkauft werden sollte, stellt eine Wohnung oder ein Grundstück dar.

Open up a new Chair

Um eine neue Firma oder einen neuen Verein zu gründen, begibt sich das Alphatier an eine geeignete Stelle. Es muss vor allem die Fähigkeit besitzen, für die zu besetzenden Rollen in dem neuen Gebilde die passenden Personen zu finden – wie ein Fußballtrainer, der seine Elf mit geeigneten Stürmern, Verteidigern und Mittelfeldspielern besetzt. In zweiter Linie braucht das Alphatier genügend Offenheit, um auf andere Menschen zugehen und sie um Unterstützung bitten zu können. Es muss drittens über Allgemeinwissen verfügen und dieses seinen Mitmenschen auch vermitteln können. Es gibt sehr wenige Menschen, die solche Fähigkeiten in sich vereinen. Ihnen wurde durch die Erziehung die Möglichkeit gegeben, sich zu entfalten und weiterzuentwickeln.

6. Der Stuhltanz

Stuhl im Unternehmen zweimal vergeben

Treffen zwei Menschen in einer Firma aufeinander, die beide das Potenzial zum Alphatier haben, kann der Stuhltanz besonders skurrile Formen einnehmen. Da es zu den wesentlichen Merkmalen eines Alphatieres gehört, entweder gewinnen zu wollen oder zu sterben, sind ihm alle Mittel zum Siegen recht.

Dazu ein Beispiel aus eigener Erfahrung. 2001 gründete ich mit meinem Partner, der hier Hartmut Wolf heißen soll, eine Firma, *better banking* genannt. 2011 begann ein sehr starker Machtkampf zwischen uns. Hartmut kam von einem Aufenthalt in Seoul so verändert wieder, dass für mich der Schluss nahelag, dass er entweder Drogen genommen hatte oder zu einer Maschine mutiert war. Erst später, während meines Executive MBA-Studiums an der Universität Zürich, begriff ich, welchen Einfluss die asiatische Kultur auf einen Menschen ausüben kann – sie lässt ihn entweder stark wachsen oder auch tief stürzen.

So machte Wolf den beiden Mitgesellschaftern und mir damals ein erstes Angebot, *better banking* an eine große Beratungsgesellschaft zu verkaufen, und zwar für 12 Millionen Euro. Für mich selbst kam ein Verkauf nicht in Frage, da ich mir einerseits aus Geld nicht so viel mache und andererseits die Firma in erster Linie nicht aus materiellen Gründen aufgebaut hatte, sondern als persönliche Erfüllung. Meine Eltern, vor allem meine Mutter und mein Bruder, hatten mich dabei unterstützt, was den ideellen Wert der Firma noch steigerte. Daher machte ich Hartmut Wolf mithilfe meines ehemaligen Chefs bei einem Gothaer Beratungshaus ein Gegenangebot zum Verkauf, ganz nach dem Prinzip „Weißer Ritter" gegen „Schwarzen Ritter". Dieser Vorstoß fruchtete zunächst, denn beide Angebote wurden per Gesellschafterbeschluss gestoppt. Damals wusste ich freilich noch nicht, was die nächsten Jahre bringen würden. Auf alle Fälle waren meine drei Mitgesellschafter über meine Entscheidung wenig amüsiert, meinen Anteil nicht zu verkaufen.

Für mich wirkte es sich in der weiteren Entwicklung als sehr negativ aus, dass ich 2005 meinen Platz in der Geschäftsführung an einen externen Manager, hier Werner Steinhorst genannt, vergeben hatte. Der Grund dafür war, dass mich meine familiäre Situation als Familienvater ziemlich beanspruchte. Ein typischer Tagesablauf sah damals so aus: 6.00 Uhr aufstehen, joggen, mit der Familie frühstücken, soweit dies mit drei kleinen Kindern möglich war, 8.30 Uhr mit dem Auto von Bad Orb aus nahezu 160 km zum Arbeitsplatz bei SAP in Walldorf fahren, dabei etliche geschäftliche Telefonate erledigen, von 10.00 bis 20.00 Uhr bei SAP vor Ort tätig sein, danach 160 km zurück nach Hause fahren.... Jeden Tag versuchte ich, die einfache Strecke in weniger als einer Stunde zu fahren – das Höchste der Gefühle aber blieb 1 Stunde und 2 Minuten. Als ich dann einmal im Rundfunk hörte, dass ein Mercedes-Testfahrer eine Frau mit Kind getötet hatte, weil er zu schnell auf der Autobahn unterwegs war, stellte ich meine wahnwitzige Raserei ein.

Auf Mobbing spezialisiert

Vor dem Hintergrund dieser Situation sah ich es damals als sehr entlastend an, dass Werner Steinhorst meine Position in der Geschäftsführung neben meinem Partner Wolf übernahm. Tatsächlich jedoch war es der größte Fehler meines Lebens, wie ich später feststellen musste. So verstand sich Werner ausgezeichnet auf Mobbing. Mein Vater bestätigte diesen Eindruck, denn er hatte Werner einmal getroffen und dabei bemerkt, wie er ihn und sein Auto von oben bis unten musterte. Mein Vater verstand nicht, wie ich so dumm gewesen sein konnte, meine Position an einen Mann wie Steinhorst abzugeben. Nur: Ich hatte es für meine Frau und die Kinder getan.

Nachdem Steinhorst in die Geschäftsführung eingestiegen war, starteten die Intrigen. Als erstes beschlossen er und Wolf, dass ich meinen Stuhl als Leiter der Delivery mit einem anderen Mitarbeiter, hier Robert Burckhardt genannt, zu teilen hatte, das heißt zwei Personen mussten jetzt permanent um einen Stuhl kämpfen. Doppelbesetzungen haben immer zum Ziel, dass der eine den anderen verdrängt, also war Vorsicht geboten.

Als ich den Stuhl fachlich behaupten konnte, teilten die anderen Robert Burckhardt den Stuhl als Leiter der Delivery per Beschluss zu und ernannten ihn gleichzeitig zu meinem Personalchef. Da ich nur noch den Status eines Consultants innehatte, wollte Robert seine neue Funktion als Personalchef nutzen, um meinen Tagesablauf zu organisieren und zu kontrollieren. Aber Pustekuchen! Ich hatte jahrelang die Spiele meiner Mitarbeiter beobachtet und dabei festgestellt, dass es mehr Lücken und Schlupflöcher in den Arbeitsverträgen gab, als man erwarten würde. So arbeitete ich weiter wie bisher, das heißt völlig frei in meinen Entscheidungen, ob ich Roberts Anweisungen Folge leistete oder nicht. Einmal beschimpfte er mich daher per Mail: „Du bist ein Riesenarsch!" Ich empfand dieses Benehmen als sehr unwürdig für eine Führungskraft, die auch noch die rechte Hand des Geschäftsführers war. Zum damaligen Zeitpunkt hatten wir noch 2 Millionen Euro Cash auf dem Firmenkonto. Wir beschlossen, neue Niederlassungen in Indien, der Schweiz und den USA zu etablieren. Gleichzeitig bildeten wir Kollegen in Latein-Amerika aus, um ein Joint Venture zu gründen. Unser Ziel war es, eine internationale Unternehmensberatung zu werden.

Mediation war gescheitert

2013 nahm der Machtkampf zwischen meinem Partner Hartmut Wolf und mir eine neue Form an, als Hartmut aus dem Raum rannte, nachdem der Versuch einer Mediation gescheitert war. Kurz darauf gründete seine Frau – wohlgemerkt eine Optikerin – eine eigene Firma, die *better banking* Management GmbH. Rein rechtlich gesehen war dies in Ordnung, da die Frau eines Geschäftsführers in Anstellung prinzipiell berechtigt ist, eine Firma zu gründen, die in demselben Markt wie die ihres Mannes agiert. Einen Ausweg hätte die Möglichkeit geboten, die neue Firma wegen Verletzung des Markenrechts zu verklagen. Ich machte von diesem Recht aber keinen Gebrauch.

Die Sache flog auf, als Wolf von Steinhorst während eines Einsatzes in Peking deswegen zur Rede gestellt wurde. Dabei eskalierte das Ganze vollends. Während eines später anberaumten Meetings stellte Wolf uns seine neuen Pläne vor. Zunächst wollte er aus *better banking* aussteigen, danach Manager in einer größeren Firma oder selbstständig werden. Ok, dachte ich bei mir, wenn Hartmut das Unternehmen verlässt, haben wir den ganzen Stress nicht mehr. Als ich ihm zum Abschied meine Hand reichte, konnte er mir nicht einmal in die Augen sehen. Warum nur? – Dieses Verhalten hatte ich schon einmal bei ihm beobachtet… Meine beiden Kollegen stimmten dem Ausstieg von Hartmut Wolf zu und hoben damit das Wettbewerbsrecht auf. Über den wichtigsten Punkt aber wurde nicht gesprochen: Wie hoch der Preis für Hartmuts Anteil war.

In der Folge bereitete Steinhorst den Kauf des Anteils von Wolf durch *better banking* vor. Dies umfasste die Kaufpreisermittlung und die Ausarbeitung des Kaufvertrags. Merkwürdigerweise erhielt ich ein Schreiben des involvierten Rechtsanwalts, dass dieser nur bis zu einer Höhe von 500.000 Euro schadensersatzpflichtig sein würde, wenn etwas falsch wäre an dem ausgearbeiteten Vertrag. Wozu diese Absicherung, dachte ich bei mir – geht alles noch mit rechten Dingen zu? Also ließ ich die Modalitäten und den Preis des geplanten Verkaufs von meinem eigenen Rechtsanwalt prüfen. Und richtig: Er stellte Ungereimtheiten bei der Ermittlung des Anteilspreises fest. Ich ging daher nicht zur Vertragsunterzeichnung beim Notar.

Nach dem gescheiterten Versuch von Wolf, seinen Anteil loszuwerden, kamen durch die Vermittlung von Steinhorst neue Firmen ins Spiel, die Interesse an der Übernahme von *better banking* zeigten, darunter einige bekannte Global Player. Dabei wurde mehrmals von Aktientausch gesprochen, ähnlich wie im Märchen „Hans im Glück“: Man tauscht ein Papier gegen das nächste und so weiter.

Um den korrekten Kaufpreis für *better banking* zu ermitteln, wollte ich jetzt einen Sachverständigen organisieren. Auch jetzt gelang es mir nicht, mich durchzusetzen. Die ganze Angelegenheit wurde regelrecht verschleppt, unter anderem mit dem Hinweis, dass ich ja kein Geschäftsführer sei. Es erschien mir, als hätten die anderen an einem Verkauf eigentlich gar kein Interesse.

Tatsächlich hätte ein solcher Verkauf den Wert „Null“ ergeben. Im vorausgegangenen Jahr waren die Geschäfte von *better banking* sehr schlecht gelaufen – ganz im Gegensatz zu den internationalen Wettbewerbern, die jede Menge zu tun hatten. Hatte dies etwas mit unserem neuen Verkaufschef zu tun?, fragte ich mich insgeheim. Obwohl ich selbst in dieser Zeit sehr viele neue Kontakte und Anfragen generierte, kamen keine neuen Verträge bei uns an – außer wenn ich die Vertragsverhandlungen bis zum Abschluss nicht aus meinen Händen gab. Jedoch wirkte Wolf weiterhin fleißig mit, indem er sich in die Meetings der Sales- und Marketing-Mitarbeiter einschaltete. Sein Verhalten, besonders seine Körpersprache, verriet mit, dass es ihm gar nicht recht war, wenn ich Erfolge bei der Vermittlung neuer Kunden feierte. Eher sollte die neue Firma seiner Frau, also die *better banking Management GmbH,* davon profitieren.

Letzte Stufe: Insolvenz

Die letzte Stufe erreichte der Machtkampf zwischen Wolf und mir im Insolvenzstadium. Zunächst befand sich better banking in der Vorstufe der Insolvenz, dem Schutzschirmverfahren. Das heißt: Es existierten sowohl ein Insolvenz- als auch ein Sanierungsplan. Dabei gab es damals nur eine Firma, die better banking hätte übernehmen können. Alle meine Versuche, ein Teil des Sanierungsplans zu werden, waren bis dahin gescheitert.

Aus meiner Sicht gab es eine 50:50-Chance, die darin bestand:

A: Es bestand die Möglichkeit zum Vertragsabschluss mit einem Kunden in Asien, der better banking in den nächsten Jahren mit Aufträgen versorgen konnte. Das Unternehmen würde in seiner bisherigen Form erhalten bleiben, das heißt Werner Steinhorst musste einen Vertrag mit dem Kunden in Asien unterschreiben, mit dem die künftige Auftragslage gesichert wäre.

B: Es gab die Möglichkeit zu einem Vertrag, der meinen direkten Ausstieg durch die Zahlung eines Geldbetrages kompensieren würde. Dem Interessenten waren meine Bedingungen bekannt.

Der Stuhltanz im Zeitraffer (Finale)

01. Juni 2015: Still alive

Werner Steinhorst wusste schon seit geraumer Zeit, dass ich meinen Einsatz bei dem Kunden in Asien verlängert hatte. Da die Vorstufe zur Insolvenz bald beendet werden musste, stand

Werner unter hohem Handlungsdruck. Er hatte nun die Möglichkeit, den Vertrag mit diesem Kunden zu unterschreiben und *better banking* damit vor der Insolvenz zu bewahren. In diesem Fall würde Wolf alles verlieren. Merkwürdig, dass Steinhorst nicht auf meine Information über die Verlängerung meines Asien-Einsatzes reagierte: „If you will contract soon I can make that happen I will reach the goal for you but then I have to have 9 CML Resources (3 Business, 6 Developers) from next Monday in Taipei available."

Dann gerieten die Gespräche mit Geschäftsführer Steinhorst ins Stocken, da er mir eine Abmahnung hatte zukommen lassen. Wäre er damals versöhnlich auf mich zugekommen, hätte ich mit ihm konstruktiv gesprochen.

Zeitspiel

Unterdessen hatte sich bei meinem Kunden in Taiwan vieles verändert. Komischerweise war der Projektmanager auf einmal wieder da, der zuvor nach Singapur abgereist war. Als ich an einem Sonntag ins Büro kam, war dort die gesamte Führungsspitze versammelt und hielt ein Meeting ab. Ich sagte kurz „Hallo" und fragte, ob man meine Unterstützung brauche. Als dies verneint wurde, verließ ich das Büro wieder, um mich irgendwo zu entspannen.

Nachdem ich am darauffolgenden Montag zu einem Meeting beim Kunden eingeladen worden war, um meine Lösungen für das Projekt zu präsentieren, wurde dieses auf Veranlassung des Gesamtprojektleiters auf Dienstag verschoben. Stand dieser Projektleiter nun auf meiner Seite oder nicht? Da ich in der Nacht zum Dienstag nicht schlafen konnte, war ich frühmorgens um 6.30 Uhr als Erster im Büro. Bevor mir eine Putzfrau half, in die Büroräume zu gelangen, war ich dreimal mit dem Fahrstuhl in den 9. Stock und wieder herunter gefahren, um mit verschiedenen Karten der Security zu versuchen, die Bürotür zu öffnen.

Das Meeting begann ein wenig verspätet. Auch Shen Lan war zusammen mit seiner „Königsbiene" anwesend. Shen Lan war vom Kunden mit derselben Aufgabe wie ich betraut worden, nämlich eine umfassende Lösung für das Projekt zu erarbeiten. Beim Meeting selbst wurde ich ziemlich vorgeführt. So bestätigte einer der Manager, dass ich das Projekt beginnen konnte, zog seine Zusage dann aber gleich wieder zurück. Ich war schon seit Wochen im Projekt tätig, hatte nur dafür gearbeitet und dabei immer wieder versucht, Shen Lan zu erreichen – ohne Erfolg, er blieb verschollen. Ich wusste nur, dass er von Shanghai nach Singapur umgezogen war. Auch seine E-Mail-Adresse war etwas merkwürdig, fast lag der Schluss nahe, dass es sich um einen privaten Account handelte. Wenn ja, was war der Grund dafür?

Jetzt aber war Shen Lan wieder im Projekt aufgetaucht und mit ihm viele neue Kollegen aus China. Da er nun mein direkter Konkurrent geworden war, wies ich meine Mitarbeiter an, ihm keine weiteren Projektinformationen zu geben, obwohl Shen Lan mich aufforderte, dies zu tun. Ich verwies ihn an Jun Hu, der mich anrief und um meinen Rückruf bat. Doch konnte ich Jun Hu nicht erreichen, was mir ganz recht war. Heute glaube ich, dass es Jun Hu damals bewusst arrangiert hatte, für mich nicht erreichbar zu sein.

Um das Team von Shen Lan besser kennenzulernen und meinem Verdacht nachzugehen, ging ich in den Projektraum und sprach im Beisein aller die „Königsbiene" an. Ich fragte, was das Team überhaupt in diesem Projekt zu suchen habe, erhielt aber nur ausweichende Antworten. „Hier stinkt etwas ganz gewaltig!", dachte ich insgeheim bei mir. Jedoch: Ob ich wollte oder nicht, ich musste mich auf das Spiel einlassen, egal wie lange es dauern würde, eine Woche, zwei Wochen oder sogar vier... Augen zu und durch – mal sehen, was noch so alles passiert.

Ich änderte also meine Strategie und begann, Shen Lan konsequent auf Abstand zu halten. Da er mit einer neuen Mannschaft angereist war, hatte ich plötzlich zehn Personen gegen mich. Daher bat ich einen meiner Kollegen, Michael Pfister, um konkrete Unterstützung, was er auch tat, da er Shen Lan auch nicht leiden konnte. Michael kannte ihn aus einem früheren Projekt in Peking.

Darüber hinaus musste ich darauf vertrauen, dass Jun Hu auch tatsächlich auf meiner Seite stand. Ich tat es einfach – und lag richtig: Jun Hu und ich verstanden uns blind. Wir spielten über Bande, das heißt wir schoben die Verantwortung immer wieder zwischen uns her. Mit Erfolg: Shen Lan und sein Team bekamen dadurch keine Informationen.

Dann schaltete sich mein Geschäftsführer Steinhorst aus Deutschland wieder ins Geschehen ein. Als ich seine Abmahnung entschieden zurückwies, erhielt ich von ihm eine Einladung zum Personalgespräch. Ich hatte aber nicht vor, zu diesem Personalgespräch zu erscheinen. Ich denke, Werner hatte sehr großen Druck, dass er in so kurzem zeitlichem Abstand eine Abmahnung und eine Einladung zum Personalgespräch an mich sandte. Ich begann ein Zeitspiel, das ich vom Fußball her so gut kannte: Nicht erreichbar zu sein und dabei aufzupassen, dass man keinen Fehler macht... Ich hatte meinen Stuhl des Overall Solution Architekten ja schon fast inne. Das Einzige, was mir noch fehlte, war ein entsprechender Vertrag der es auch meinen Mitarbeitern ermöglichte, von Deutschland, das heißt ihrem Wohnort, aus zu arbeiten.

So teilte ich Werner Steinhorst mit, dass ich seine Vorladung zum Personalgespräch erhalten hatte, aber mich gerne zuvor mit ihm abstimmen möchte. Dazu wollte ich mich am darauffolgenden Tag bei ihm melden. Daraufhin erhielt ich eine E-Mail der Rechtsanwältin der Geschäftsführung, die mich mit Nachdruck aufforderte, zum Personalgespräch nach Deutschland zu kommen. Ich antwortete am selben Abend darauf und entschied mich dafür, nicht nach Deutschland zu fliegen, sondern am Wochenende in Taipei zu entspannen.

Unterdessen zeigte es sich, dass mein Kollege Michael Pfister mich hervorragend im Kundenprojekt unterstützte: Er lieferte den Projektplan termingerecht und in hervorragender Qualität ab. Jun Hu hingegen verhielt sich neutral, da er – je nachdem, wie das Rennen ausging – entweder mit Shen Lan oder mir zusammenarbeiten musste. Shen Lan jedoch zeigte erste Stresssymptome, denn ich kontrollierte seine Arbeit, und das gefiel ihm nicht.

05. Juni 2015

Seit gestern fühlte ich mich wie im Comic „Tom und Jerry". Shen Lan und die chinesische Landesgesellschaft eines weltweiten Software-Herstellers waren der Kater Tom und ich war die kleine Hausmaus Jerry, die von allen gejagt wurde. Langsam gingen mir aber auch die Argumente aus.

Ich erkundigte mich beim Endkunden in Taiwan, ob ich so lange vor Ort bleiben sollte, bis der Vertrag zwischen *better banking* und dem Software-Hersteller oder der anderen am Projekt beteiligten Beratungsgesellschaft unterschrieben wäre. Dafür erhielt ich ein Kopfnicken und verfasste im Anschluss daran sicherheitshalber noch eine E-Mail zur Bestätigung.

Das Feuerwerk

Den ganzen Tag bereitete ich Mails vor. Dazu separierte ich die einzelnen anstehenden Themen und definierte dann genau die Ansprechpartner und die Reihenfolge ihrer Ansprache.

Gegen Abend wurde ich ins Büro des großen Chefs des Kunden zitiert. Hier wurde versucht, mich auf's Glatteis zu führen. So sollte ich konkrete Preise für die angebotenen Leistungen von *better banking* nennen und diese per Mail mit meinem

Geschäftsführer Steinhorst abstimmen, was ich aber nicht tat. Später am Abend erreichte mich eine Mail des großen Chefs, der sich beklagte, zwei Wochen Zeit verschwendet zu haben, da nicht ich der richtige Verhandlungspartner für ihn sei, sondern Steinhorst. Dieser Chef hatte die gleiche Körpersprache wie Axel Braun, ein sehr intriganter Geschäftsführer der kanadischen Landesgesellschaft von *better banking*. Braun hatte zuvor mit einem kompletten *better banking*-Team die Fronten gewechselt und war zu einem Wettbewerber übergelaufen. Mein eigener Bruder, der auch in der kanadischen Landesgesellschaft arbeitete, beging den Fehler, sich Braun anzuschließen, tat dies aber vermutlich auf Anweisung seiner Frau und unseres Vaters.

Spielten denn alle gegen mich? Lief da etwa ein Machtkampf zwischen dem Software-Hersteller und dem Beratungshaus und ich sollte das Zünglein an der Waage sein?

Am Abend versandte ich dann alle vorbereiteten Mails. Ganz wichtig für mich war, dass ich während des gesamten Wochenendes keine Mail an meine Firma schickte, denn noch stand das für Montag anberaumte Personalgespräch im Raum. Über Nacht kam die Bestätigung vom Projektleiter, dass die vertragliche Angelegenheit nun erledigt sei. Steinhorst erinnerte mich per Mail daran, am Montag unbedingt nach Bad Vilbel zu kommen…

07. Juni 2015

Der Vertrag war immer noch nicht unterschrieben. Ich bekam von vielen Seiten Mails zugesandt. Mir wurde immer klarer, dass alle Seiten logen und unbedingt wollten, dass ich das Projekt verließ und Shen Lan meine Rolle übernehmen konnte. Leider hatte der Chef des Kundenunternehmens am 27. Mai einen Fehler begangen, als er mir gestattete, die CML-Factory zu starten. Das tat ich damals auch. Nun aber entdeckte ich, dass die *better banking*-Factory in der Präsentation des Software-Herstellers noch gar nicht dargestellt war.

Aktuell ging es mir noch gut. Mal schauen, was die nächsten Tage brachten. Heute wollte ich erst einmal den Tierpark in Taipei besuchen, um mich etwas abzulenken und zu entspannen.

Achtung: Mein E-Mail-Account funktionierte nicht mehr richtig. Wer weiß, was da schon wieder dahintersteckte…

08. Juni 2015

Bisher erhielt ich keine weiteren Mails. Nur Shen Lan machte Stress, denn er hatte vom Projektleiter die Position des Overall Solution Architects zugeteilt bekommen. Immer noch war kein Vertrag unterschrieben. Mal sehen, was dieser Tag alles noch so brachte…

09. Juni 2015

Auf meine Antwort an Werner Steinhorst zur Verschiebung des Personalgespräch-Termins kam es zum weiteren Mailverkehr. Ich selbst antwortete in Hieroglyphen, um nicht in eine Rechtsanwalts-Falle zu tappen…

Hallo Werner,

wie du dem Anhang entnehmen kannst, gibt es leider noch keine finale Unterschrift unter den Vertrag der *better banking*-CML-Factory. Da der Kunde von mir gefordert hat „Onside" zu bleiben, bis der Vertrag unterschrieben ist, kann ich leider am Montag nicht zum Personalgespräch in Bad Vilbel erscheinen. Ich bitte dich deshalb, einen neuen Termin zu vereinbaren.
Viele Grüße, Leander

Hallo Leander,

ich muss mit Bedauern feststellen, dass du trotz eindeutiger

Anweisung nicht zu dem für heute anberaumten Personalgespräch erschienen bist. Frau Knapp, Meier & Partner und ich hatten uns vorbereitet um dich, wie angekündigt, umfassend zum Verfahren und dem Insolvenzplan zu informieren. Teile mir noch heute verbindlich mit, wann du in Bad Vilbel eintreffen wirst. Ich werde dann versuchen, einen neuen Termin zu vereinbaren.

Viele Grüße, Werner

Hallo Werner,

da es für dich einfacher ist, mit den Kollegen einen neuen Termin abzustimmen, bitte ich es hiermit zu tun. Ich mache dann heute erstmal Feierabend.

Viele Grüße, Leander

Von einem Mitarbeiter von *better banking* erfuhr ich, dass komische Dinge in der Firma passierten. Ich fragte bei verschiedenen Kollegen im Büro nach. Einer antwortete, dass er wahrscheinlich nicht mehr für mein Projekt geplant war. Warum das Ganze? Ich wurde darüber im Vorfeld nicht informiert.

Nachdem ich beschlossen hatte, nicht mehr mitzuspielen, startete ich ein letztes Feuerwerk an E-Mails und nahm mir vor, an den beiden folgenden Tagen zu entspannen.

Dear Marius,

Raj made the decision that Shen Lan will be the overall solution architect. He did before a great Job at a Bank in China with my *better banking* employees at the beginning. Please speak with him.

Also I did not get any feedback regarding the *better banking* Contract for the CML Factory at all. I do not know what's going on at all. Maybe someone can clarify that for me!

Dear Dr. Udo Münster,

Right now I am working for the Project since November last year. When I went in the project no one understand the requirements of the Project for Policy loan in detail. We discussed that when you were here in Taipei. We made a lot of progress till then but there was always a lot of struggling because of the contract between *better banking* and your software-company.

Right now there is a discussion since APRIL regarding the *better banking CML Factory.* I will tell you also something about my personal situation. Because of no one was paying the bills or signing the contract *better banking* went to chapter 11.

We can't pay our employees anymore. Then my management decides to cut my salary too. Now I can't pay my bills anymore and feed my kids. I moved from the hotel in the hostel because my management also did not pay my travel expenses anymore. Do you think I should work if I can't pay my employees and my bills?

Who has no money anymore? Please let me know who will be responsible to sign the contract and pay the bills what I working for?

Am 9. Juni ging ich das letzte Mal ins Büro des Kunden. Jun Hu setzte sich neben mich und schnaufte mehr als sonst. Shen Lan war auch schon sehr früh da für seine Verhältnisse. Er telefonierte mit seinem Chef. Meine E-Mails mussten wohl eingeschlagen haben wie eine Bombe!

Den Chef des Kunden beobachtete ich, wie er durch den Raum ging und mit dem Projektleiter sprach. Es gab da etwas, das ich bisher nicht wusste. Als ich meine Mails checken wollte, bemerkte ich, dass mein Firmen-Account abgeschaltet war. Unter meiner privaten E-Mail-Adresse fand ich eine Nachricht von einem *better banking*-Mitarbeiter, der mir seine bedingungslose Unterstützung anbot. Er würde jede Lanze für mich brechen.

Ich bat ihn, mir die wichtigen Informationen mitzuteilen, was er auch tat. Ich war also entlassen worden. Der Personalleiter warf mir geschäftsschädigendes Verhalten vor. Aber was hätte ich machen sollen, nachdem ich weder Gehalt noch Reisekosten gezahlt bekommen hatte? Die vorliegenden Informationen gab ich an meinen Rechtsanwalt weiter. „Wer die Wahrheit sagt, braucht ein schnelles Pferd!"

10. Juni 2015

Ich hatte beschlossen, dass ich so nicht weiterleben wollte. Das *better banking*-Management hatte mein Gehalt gekürzt und überwies keine Reisekosten mehr, I was running out of money. Daher war ich schon einige Tage zuvor von dem Hotel in eine billige Jugendherberge umgezogen, wo es glücklicherweise auch eine Waschmaschine gab. Meine Ernährung hatte ich auf Sandwichs und Büchsenbier am Abend umgestellt.

Gerade den Rückflug nach Deutschland konnte ich mir noch leisten, dann waren meine Konten wie leergefegt. Alles Geld, das ich jetzt noch verdiente, ging für den Unterhalt meiner Familie drauf. Zuhause konnte ich wenigstens meine Goldreserven antasten, die ich eigentlich erst für die Zeit meiner Rente eingeplant hatte. In Taipeh war es mir nicht gelungen, einige wenige Gramm Gold, die ich zur Sicherheit mitgenommen hatte, bei den Banken in Geld umzutauschen. Keine war bereit für diesen Deal. Auf Anraten meiner Partnerin kündigte ich auch meine Mitgliedschaft in einem teuren Golfklub und verkaufte mein Fahrzeug.

15. Juni 2015

Trotz meiner Kündigung ging ich an diesem Tag ins Büro in

Bad Vilbel. Natürlich hatte keiner dort erwartet, dass ich dies nach meinem Rausschmiss noch wagen würde. Als ich zur Bürotür hereinkam, erstarrten die Gesichter der drei anwesenden Sekretärinnen sofort zu Eis. Ich vermutete, dass sie eine Gehirnwäsche von Steinhorst erhalten hatten, und nun fürchteten, dass ich ihren Chef umbringen wollte.

Ich aber tat, als wäre nichts gewesen. Eine der Damen kam sofort auf mich zu und forderte mich auf, in Steinhorsts Zimmer zu gehen. Eine andere rief ihn an. Als ich Werners Büro betrat, sagte ich kurz „Hallo" und fragte ihn, auf welchem Stuhl ich Platz nehmen dürfe. Er sagte mir, dass ich im Büro nichts mehr zu suchen habe. Augenscheinlich hatte er sehr große Angst vor mir. Als ich bei der Begrüßung versuchte, ihn kurz an der Schulter zu berühren, erschrak er und fragte, ob ich ihn schlagen wolle. Ich verneinte, zitterte aber selbst vor Anspannung. Ich akzeptierte, dass Werner mich nun auch aus dem Büro warf. Aus einem Büro, dessen Einrichtung ich seinerzeit mit eigenen Händen aufgebaut hatte. Die ganze Zeit über hatte ich wegen des Jobs meine Familie vernachlässigt.

Ich nahm meine privaten Utensilien, wie Pflanzen und Bilder, mit. Eine Sekretärin brachte mir noch meine restlichen Schriftstücke. Dann stieg ich ins Auto und fuhr davon.

Fazit: Wie es mir in der Zeit des Stuhltanzes ging

Während meiner gesamten Zeit bei *better banking* war ich ständig hin- und hergerissen zwischen Firma, Job und Familie. Ich musste ständig alle Bälle in der Luft halten und aufpassen, dass keiner runterfiel und kaputtging. Auch meine Gesundheit litt darunter. Um den Stress zu bewältigen und die sich im Kreis drehenden Gedanken zu bändigen, trank ich oft sehr viel Bier. Ein früherer Fußball-Kollege meinte, ob ich zu Buddha mutieren würde, als er meinen dicken Bierbauch sah.

Der Machtkampf in der Firma hatte schon meine erste Ehe zerstört, auch meine zweite Beziehung geriet an den Rand der Belastung. Obwohl es meiner neuen Partnerin sehr schwerfiel, akzeptierte sie aber, dass meine Firma und der erfolgreiche Machtkampf für mich eine größere Bedeutung hatten als die Familie. Für 99 Prozent der Gesellschaft gelten diese Prioritäten sicher nicht – die meisten würden sich in erster Linie für die eigene Familie statt für die Firma entscheiden. Ich selbst weiß auch nicht, ob es richtig ist, sich so für seine Mitarbeiter einzusetzen. Gedankt bekommt man es letztlich leider nicht.

Gerade in den letzten Wochen vor meiner Kündigung litt ich sehr stark unter der beruflichen Situation. *Better banking* rutschte in „Chapter 11", was meiner Ansicht nach von außen gesteuert, aber nicht zu beweisen war. Ich selbst fühlte mich wie eine Versuchsperson. Alle anderen standen um mich herum und schauten zu, wie viel ich denn noch aushalten könne.

7. Tipps und Tricks für den Stuhltanz in der Arbeitswelt

Verzicht

Jeder sollte seine Kinder darauf trainieren, so lange wie möglich auf etwas verzichten zu können. Im Umkehrschluss führt diese Fähigkeit zu einer immensen Leistungsbereitschaft, die gesteckten Ziele auch zu erreichen.

Who is more polite?

Ein permanent höflicher Umgang im Geschäftsleben, wie es die japanische Kultur vorlebt, hat auch seine Schattenseiten. Ich würde ein solches Verhalten als emotionalen Perfektionismus bezeichnen. Ist man immer nur höflich, kann dies unter Umständen zu immensen Spannungen führen.

As requested

Gut zuzuhören und die erhaltenen E-Mails genau zu lesen, hilft im Arbeitsleben sehr viel weiter. Wird zum Beispiel in einem Meeting verhandelt, sollte man tunlichst auf die Worte der Gegenseite hören. So kann man sich für künftige Verhandlungen mit geeigneten Argumenten wappnen.

As discussed

Ebenso verhält es sich mit der Floskel „Wie besprochen". Zuerst geht man auf seinen Geschäftspartner zu und spricht mit ihm persönlich. Erhält man dabei seine Zustimmung zu einem Vorschlag, sendet man ihm im Nachgang eine E-Mail und schon hat man mit ihm einen „Vertrag" geschlossen.

Strategien

Früher habe ich sehr viel Schach gespielt und es auch sehr früh meinen Kindern beigebracht. Beim Schach gibt es enorme Möglichkeiten, viele Spielzüge bereits im Voraus zu planen. Das beim Schach erforderliche strategische Denken nutzt auch im beruflichen und privaten Leben.

Spiele

Jede Art von Spiel findet sich auch in der Arbeitswelt wieder. Im beruflichen Umgang verhalten wir uns ähnlich wie in der Kindheit. Um unsere Kinder angemessen auf das Berufsleben vorzubereiten, sollten wir daher recht viel mit ihnen spielen und dabei darauf achten, ihnen eine Vielzahl von Spielarten zu vermitteln.

Kopfhaltung

Ob jemand für oder gegen eine Sache ist, kann man sehr leicht an der Körpersprache erkennen, vor allem an der Haltung des Kopfs. Hat man beispielsweise eine Präsentation gehalten und fragt in die Runde, ob jeder alles verstanden hat, stellt man allein an der Kopfhaltung fest, wer dazu zählt und wer nicht. Die Zuhörerinnen und Zuhörer, die keinerlei Regung zeigen, sollten nochmals direkt angesprochen werden.

Platz markieren

Wer möglichst viele persönliche Gegenstände am Arbeitsplatz aufstellt, kann damit verhindern, irgendwann ganz schnell verdrängt zu werden.

Sprache beherrschen

Die Zugehörigkeit zu einer Gruppe wird in erster Linie durch die Sprache bestimmt. Beherrscht man diese, fällt es leichter, sich zu integrieren.

Mobile Devices

Statt immer nur per Smartphone mit den Kollegen zu kommunizieren, sollte man öfter das persönliche Gespräch mit ihnen suchen. Dasselbe gilt für die digitale Kommunikation. Viele E-Mails stiften Verwirrung und verzögern den Arbeitsfluss. Das gesprochene Wort ist auch der E-Mail in den meisten Fällen deutlich überlegen.

Einen Grund für etwas haben

Ohne einen konkreten Grund zum Handeln zu haben, treibt man die Dinge nicht schnell genug voran. Deshalb ist es wichtig, sich im Vorfeld zu überlegen, warum man dieses und jenes in Angriff nehmen will.

Die Abkürzung suchen

Wie bei einem normalen Spaziergang kann man in seiner beruflichen Laufbahn auf dem Weg bleiben oder querfeldein wandeln. Bei der letztgenannten Variante sollte man sich aber im Vorhinein darüber im Klaren sein, dass sie mit einigen Gefahren verbunden sein kann.

Vielzahl an Möglichkeiten

Viele Menschen werden von Kindheit an darauf getrimmt, einen möglichst hohen Intelligenzquotienten zu entwickeln. Wer sich aber nur auf seinen Verstand verlässt, gerät leicht in die Gefahr, wie eine Maschine zu agieren. Im Endeffekt ist es wie beim Computer: Es gibt nur die Zustände „richtig" oder „falsch". Oft erkennen diese menschlichen Roboter gar nicht, welchen Kollateralschaden sie anrichten. Wenn man im Beruf erfolgreich sein und bleiben will, sollte man daher auch an seiner emotionalen Intelligenz arbeiten. Denn nur durch den richtigen Umgang mit ihren Gefühlen können Menschen erkennen, dass es dazwischen eine Vielzahl attraktiver Möglichkeiten gibt.